2018年广东省普通高校重点科研平台和科研项目（2018GXJK151）
深圳大学社科处青年扶持项目（QNFC1944）
本教材获深圳大学教材出版资助

# 匹克球教学与训练

黄昆仑　赖启忠　著

人民體育出版社

图书在版编目（CIP）数据

匹克球教学与训练 / 黄昆仑, 赖启忠著. —— 北京：
人民体育出版社, 2021（2024.8重印）
ISBN 978-7-5009-6098-0

Ⅰ.①匹… Ⅱ.①黄… ②赖… Ⅲ.①球类运动—
体育教学②球类运动—运动训练 Ⅳ.①G840.2

中国版本图书馆CIP数据核字(2021)第217850号

\*

人民体育出版社出版发行
北京盛通印刷股份有限公司印刷
新 华 书 店 经 销

\*

880×1230　32开本　8印张　213千字
2021年12月第1版　2024年8月第5次印刷

\*

ISBN 978-7-5009-6098-0
定价：38.00元

社址：北京市东城区体育馆路8号（天坛公园东门）
电话：67151482（发行部）　　邮编：100061
传真：67151483　　　　　　　邮购：67118491
网址：www.psphpress.com
（购买本社图书，如遇有缺损页可与邮购部联系）

# 目　录

**第一章　绪论** ………………………………………………………… 1

　　第一节　匹克球运动概述 ……………………………………… 1

　　第二节　匹克球运动与健康促进 ……………………………… 23

**第二章　匹克球技战术与比赛规则** …………………………… 46

　　第一节　匹克球的基本技术 …………………………………… 46

　　第二节　匹克球的基本战术 …………………………………… 56

　　第三节　匹克球比赛的规则 …………………………………… 62

**第三章　匹克球教学** ……………………………………………… 72

　　第一节　匹克球的教学目标 …………………………………… 72

　　第二节　匹克球的教学内容与教学方法 ……………………… 74

　　第三节　匹克球的课程评价体系 ……………………………… 99

**第四章　匹克球身体素质训练** ………………………………… 111

　　第一节　匹克球身体素质训练的原则 ………………………… 111

第二节　匹克球身体素质训练的手段 …………………… 116

# 第五章　匹克球训练的卫生与营养补充 …………………… 144

　　第一节　匹克球训练的卫生 ………………………………… 144
　　第二节　匹克球训练的营养补充 …………………………… 159

# 第六章　匹克球训练的损伤与防治 ………………………… 193

　　第一节　匹克球训练的损伤 ………………………………… 193
　　第二节　匹克球训练损伤的预防 …………………………… 203
　　第三节　匹克球训练损伤的救治与恢复 …………………… 220

# 附录　匹克球比赛专业术语 ………………………………… 246

# 第一章 绪论

## 第一节 匹克球运动概述

### 一、匹克球运动的起源与发展

匹克球（Pickleball）起源于 20 世纪 60 年代的美国西雅图，1972 年被正式注册，是一种类似于羽毛球、网球和乒乓球的混合运动。匹克球的球拍比乒乓球拍略大，材质由最初的木质发展到现在的碳纤维、PE 等。匹克球是由塑料制成的空心球体，球身布满圆孔，重量大小设置不一。匹克球单打和双打比赛场地一致，为长 13.41 米、宽 6.1 米的长方形，与羽毛球场相同。球网净长至少 6.1 米，两侧高度为 0.914 米，球网距球场中心处位置高度为 0.86 米。

在美国，匹克球的推广与学校体育密不可分。在 20 世纪 90 年代，匹克球已纳入美国中学体育课程，是学校体育的重要内容之一，目前在纽约州有 500 多所学校开设匹克球课程。匹克球项目娱乐性强，可有效激发学生的运动兴趣。目前美国每年都会举办一系列的匹克球赛事，例如超级杯、冠军赛和室内锦标赛等，吸引来自美国各州和加拿大等地的球员参加。

美国匹克球组织——美国匹克球协会（USAPA）秘书长贾斯汀·马洛夫（Justin Maloof）介绍："匹克球突然风靡，匹克球场地无法满足需求,大部分场地由网球场改造而成,也有不少地方将一个篮球场改造成两个匹克球场。"美国只有个别州地处严寒地区,户外活动时间很少,匹克球运动开展缓慢。不过,为了维护匹克球运动,这些地方已将室内网球、羽毛球场地改造成室内匹克球场。据SFIA(美国体育和健身协会)统计,目前美国约330万人从事匹克球运动,拥有3万个室内和室外匹克球场,其中2019年新增1200个新球场,最近5年匹克球场平均增长率为133%,50个州有1900名匹克球大使积极在全美国的社区推广这项运动。

在我国,匹克球在社区体育、学校体育中也日益受到重视,开展了许多相关活动,大大增加了匹克球的知名度与普及度。例如,深圳开展了许多匹克球公开课、公益课、国际论坛等活动。(图1-1~图1-4)

图1-1 匹克球公开课

第一章 绪论

图1-2 2018年4月深圳市光明群众体育中心成功开展匹克球第一期公益培训

图1-3 2018年5月深圳市光明群众体育中心成功开展匹克球第二期公益培训

图1-4  2018年6月深圳市光明群众体育中心成功开展匹克球第三期公益培训

2018年5月,在深圳市文博会深圳大学分会场展示匹克球项目,并举办首届中国匹克球发展论坛。美国匹克球协会会长、秘书长以及首批开展匹克球课程的东周小学、凤凰学校、公明第二小学等学校的教师莅临现场,进行深度交流,匹克球项目得到与会专家及同行人员的充分肯定,深圳市匹克球协会与美国匹克球协会签署战略合作协议。(图1-5、图1-6)

图1-5 首届中国匹克球发展论坛

图1-6 战略合作协议签署现场

匹克球项目推广活动的开展与举行都为其在中国的发展起到了积极的推动作用,使匹克球能够更快地融入我国全民健身运动的大潮。

## 二、匹克球运动的特点与价值

匹克球简单易学，集合了乒羽网球运动的部分元素，运动强度适中，适合各类人群，不易发生运动损伤。在义务教育阶段，人体各项身体素质处于敏感期，学校开设匹克球课程，具有较高的价值。匹克球运动的特点与价值主要有：

### （一）健身功能

匹克球很大程度上能调动选手的跑动，促进力量、耐力、速度、灵敏、柔韧、协调性等身体素质的全面发展，提高空间认知能力，对提高人体的爆发力及心肺功能都有独到价值。

### （二）趣味性与观赏性

匹克球属于隔网对抗类挥拍运动，选手之间无身体接触，相对安全。在匹克球比赛中，我们可以欣赏到凌厉的进攻、巧妙的回球、机智的截击、默契的配合，加上攻守转换，双方球员心理的变化，从而使比赛过程充满悬念，跌宕起伏，富有极佳观赏性与趣味性，无论是参与者还是观众都能沉浸其中，获得心理的满足和愉悦。

### （三）团队协作能力的培养及心理抗挫能力的锻炼

匹克球运动双打较为常见，需要选手之间默契配合，增强团队协作能力。同时，比赛结果具有悬念性，临场的稳定发挥能锻炼人的心理素质，在对抗过程中可以培养竞争意识、积极的输赢意识和心理抗挫能力。

### （四）经济实用

匹克球运动可以在现有羽毛球场地进行，器材价格适中，器材在使用过程中几乎无损耗。

## 三、国际匹克球组织与重大赛事

### （一）国际匹克球联合会（IFP）

国际匹克球联合会（IFP）于 2010 年初成立，旨在促进匹克球的国际推广。IFP 首批成员国有美国、加拿大、西班牙和印度，此后法国、英国等国家也加入进来。亚洲也是匹克球快速发展的地区，最先是印度，随后在印度尼西亚、韩国、马来西亚等国家也开始流行起来。在中国，由于没有成立中国匹克球协会，2018 年 8 月成立的深圳市匹克球协会，是我国最早的匹克球社会团体，成为其第 8 个成员组织。随着这项运动继续扩展到世界各地，截至目前会员组织增长到 54 个。

IFP 的目标是在全球推广匹克球运动，将这项运动发展成为一项全球性的运动，并最终获得国际奥委会（IOC）的正式认可，将匹克球确立为奥运会正式竞赛项目。IFP 是一个非营利性的国际体育组织，致力于促进国际竞赛。2010 年，IFP 颁布了《匹克球国际联合会官方锦标赛规则手册》，迈出了匹克球国际推广的重要一步，可以确保全球匹克球运动规则一致，有利于匹克球运动的国际化，为匹克球运动员提供全球通用的行为准则。

IFP 为所有希望成为会员以推动匹克球发展的国家和地区的匹

克球协会和联合会提供参与和促进匹克球发展的机会，这些目标可通过 IFP 的宗旨和目标来实现。

IFP 积极协调全球匹克球资源，集中支持、组织匹克球国际赛事，以促进各个国家、不同年龄段和技战术水平组别的赛事。截至目前，IFP 已经先后组织 12 次国际锦标赛，5 届洲际锦标赛。IFP 在全球还有 112 位匹克球世界大使，在全球范围内推广匹克运动及相关赛事。

## （二） 美国匹克球协会（USAPA）

为了推动匹克球运动在全美的发展，1984 年美国匹克球协会（USAPA）成立，并于 1984 年 3 月发布了第一本匹克球规则手册。USAPA 于 2005 年合并重建，对规则进行了审查和修订，成为全美通用的匹克球运动规则。2010 年后，则使用 IFP 颁布的《匹克球国际联合会官方锦标赛规则手册》。

美国匹克球协会是美国匹克球运动的国家管理机构，并且为运动员提供官方规则、联赛、排名和促销器材。该协会是一个非营利性公司，由董事会和专业人员管理，为这项运动的持续增长和发展提供指导和基础设施。USAPA 的使命是促进匹克球在美国及其他地区的发展和增长。

## （三） IFP 本布里奇杯国际匹克球锦标赛

本布里奇岛是匹克球的发源地。正是在本布里奇岛，乔尔·普里查德（Joel Pritchard）、巴尼·麦卡勒姆（Barney McCallum）和比尔·贝尔（Bill Bell）创造了我们今天所认识的匹克球运动。1965 年夏天，在本布里奇居住期间，三位创始人合作创建和设计了一种新的球拍运动，每个人都可以享受这项运动。为了向匹克球发源地致敬，国际最高赛事用"本布里奇杯"来命名。

本布里奇杯是匹克球的世界杯。洲际竞争的想法源于过去几年匹克球在全球的快速增长。从2010年起，匹克球已经扩展到世界各国，现在由各大洲的许多国家组织正式比赛。为了组织和推动这项运动在全球的发展，成立了国际匹克球联合会（IFP）。IFP成立后不久，成员国就表现出对有组织的国际赛事日益浓厚的兴趣。为了满足不断增长的需求，IFP创立了本布里奇杯——首次举办匹克球洲际团队赛事的世界舞台。首届本布里奇杯于2017年在西班牙马德里举行；2018年在意大利蒙特西尔瓦诺举行；2019年在德国埃森举行；2020年在英国诺丁汉举行；2021年在美国佛罗里达州好莱山举行。

本布里奇杯是匹克球运动历史上第一个洲际团体赛事。参加首届赛事的包括北美洲和欧洲的一些队伍。北美洲是这项运动的发源地，而欧洲匹克球运动取得了巨大发展。随着这项运动继续向全球扩展，预计更多的大陆（球队）将加入这项赛事，使之真正成为一场匹克球的世界杯比赛。从精英到业余选手，所有比赛级别的选手都可以参加比赛，一些世界顶级球员将代表他们的大陆参加比赛，争夺本布里奇杯的奖杯。

2019年7月12—14日，2019年本布里奇杯匹克球锦标赛在德国埃森举行，来自25个国家和地区不同年龄、不同水平的选手参加多个项目的比赛。受国际匹克球联合会邀请，深圳市匹克球协会选派运动员，最终确定来自深圳市光明区凤凰学校的教师李维维代表我国出战本次赛事。李维维也成为我国参加国际匹克球大赛的"第一人"。（图1-7~图1-9）

图 1-7　李维维参加在德国举办的本布里奇杯

图 1-8　中国选手参加本布里奇杯

图 1-9　中国选手参加本布里奇杯与球员合影

## （四）美国举办的匹克球赛事

在美国，每年都会举办上百场匹克球赛事，其中级别最高的是美国匹克球全国锦标赛（USA Pickleball National Championships），其次是全国室内匹克球锦标赛（National Indoor Pickleball Championships），每月在不同地区都会举办美国匹克球地区锦标赛（USA Pickleball Regional Championships）。

其他赛事，如夏威夷—环太平洋匹克球杯（Hawaii–Pacific Rim Pickleball Cup）、三湖匹克球锦标赛（Three Lakes Pickleball Tournament）、金州锦标赛（Golden State Championships）、美国匹克球巡回赛（American Pickleball Tour）、印第安纳波利斯匹克球公开赛（Indianapolis Pickleball Open）、科罗拉多匹克球公开赛（Colorado Pickleball Open）、美国匹克球中州地区锦标赛（USA Pickleball Middle States Regional Championships）、冠军联赛（Tournament of Champions）、SSIPA南方锦标赛（Tournament of Champions）、Tustin劳动节年度锦标赛（Annual Tustin Labor Day Tournament）、阵亡将士纪念日匹克球锦标赛（Memorial Day Pickleball Tournament in Tustin）、德州公开匹克球锦标赛（Texas Open Pickleball Championships）等众多匹克球赛事，提高了广大匹克球爱好者从事该项运动的热情和观看比赛的积极性，从而推动了匹克球运动向前发展。

## （五）其他国家举办的匹克球赛事

随着匹克球在世界范围的推广，各国也相继举办了区域性的比赛。比如，澳大利亚举办的昆士兰匹克球锦标赛（QUEENSLAND Pickleball Championships）、新南威尔士公开赛（NEW SOUTH WALES Open）、欧洲举办的佛罗里达匹克球联盟赛季（FLORIDA

Pickleball League Fall），以及 2018 年在中国深圳举办的粤港澳大湾区匹克球邀请赛、2019 年第二届深圳市匹克球邀请赛、2019 年匹克球城市（珠海）邀请赛等。

## 四、中国匹克球运动发展概述

### （一）匹克球在我国的发展现状

2017 年 10 月，国内首家匹克球社会团体—深圳市匹克球协会成立，陆续组织开展国际合作和内地推广等工作，匹克球运动人口也在逐步增加。我国匹克球运动虽然起步较晚，但各界人士扎实工作，不断为这项新兴运动的发展注入动力。深圳市匹克球协会自成立以来，开展了一系列匹克球相关活动：

①2018 年 1 月，深圳市匹克球协会邀请全美匹克球冠军丹尼尔·摩尔与日本匹克球协会副理事长佐藤诚来深，举办我国首届匹克球高级教练员培训班。培训为期一个月，共培训了包括深圳大学、东莞理工城市学院在内大中小学的 35 名匹克球教练。（图 1-10）

图 1-10　首届匹克球高级培训班毕业典礼

②2018年1月至今，深圳市匹克球协会与新加坡、日本、菲律宾、印度尼西亚、巴基斯坦、中国台湾、中国香港等10多个国家或地区的协会或运动员签署合作协议或交流。

③国际匹克球联合会（IFP）和美国匹克球协会（USAPA）是目前国际上最大的两个匹克球组织。2018年8月，深圳市匹克球协会成为IFP第8个成员组织，并且与USAPA签订了战略合作协议。

④2018年11月2—6日，受IFP及USAPA邀请，深圳市匹克球协会与中国香港匹克球总会赴美考察2018年全美匹克球锦标赛。（图1-11）

图1-11　深圳市匹克球协会与中国香港匹克球总会赴美考察全美匹克球锦标赛

⑤2018年10月，在深圳市文体旅游局的支持下，由深圳市匹克球协会主办的2018年首届粤港澳大湾区匹克球邀请赛在光明群众体育中心举行。来自深圳、中国香港、中国澳门等地区的150余名中小学生及家长组成的匹克球选手及社区匹克球爱好者汇聚深圳，围绕青少年组、亲子组、公开组3个组别、21个小项，进行了为期两天的激烈角逐，贡献了一场精彩绝伦的匹克球盛宴。（图1-12）

图 1-12　首届粤港澳大湾区匹克球邀请赛

⑥2019 年 11 月，第二届深圳市匹克球邀请赛暨市匹克球研讨会，在光明区群众体育中心举行，共吸引深圳、广州、珠海、中国香港、中国澳门等地区的 10 支队伍 200 人参赛。（图 1-13）

图 1-13　第二届深圳市匹克球邀请赛

⑦2020年6月，深圳市光明区东周小学的谢小伟老师在深圳市匹克球协会的推荐下成为国际匹克球联合会（IFP）匹克球世界大使。这对加强我国与 IFP 的联系、参与匹克球运动的国际事务具有重要作用。（图1-14）

图1-14　谢小伟老师受聘匹克球世界大使

匹克球的一系列活动对普及和推广此项运动作出了重大贡献。

## （二）匹克球运动在我国的发展前景

2021年3月5日全国两会拉开帷幕，《政府工作报告》中多次提及体育，明确全面推进健康中国建设，广泛开展全民健身运动，人均预期寿命再提高1岁，还提出"发展健康、文化、旅游、体育等服务消费"，"构建德智体美劳全面培养的教育体系"，"完善全民健身公共服务体系"。两会期间，体育大健康、体教融合、体旅融合、冰雪产业发展等相关提案热度也不断攀升。

青少年是国家的未来和民族的希望。此次两会中，增强青少年体质，青少年体育教育建议热度不断提升。全国政协委员、华东师范大学副校长戴立益提案建议，重点关注体育要不要进高考、如何进高考、进了以后怎么考的问题。"体育中考、高考指挥棒导向的逐步明确,能引起全民对体育的重视。"

全国人大代表、江西省委教育工委书记叶仁荪建议发挥体育独特的育人功能,开启上好体育课,开展中小学体育"晒课表"活动,公开接受社会监督,对以往存在的挤占体育课以及"阴阳课表"等现象进行有针对性的治理。叶仁荪说,"建议全国各地也能开展类似的'晒课表'活动,以此督促各校能把体育课开齐上好,促进学生全面发展。"与此同时,加强体育课、大课间、课外活动的衔接和联动,特别是义务教育阶段充分利用好课后"三点半"的时间,开展丰富多彩、喜闻乐见的课后体育活动,使学生掌握更多的运动技能,养成终身受用的体育锻炼习惯。

中国有着广泛的乒乓球、羽毛球、网球爱好者及专业人士的群众基础,校园、社区、体育馆、俱乐部到处可见参加这些运动的群众。而且中国人对小球类运动特别自信,对新兴的体育项目也容易接受。

匹克球运动具有学习门槛低、学习容易、运动成本低、场地设施简易、运动强度适中、机体损伤小的特点和属性。因此,匹克球运动具有区别于传统球类或健身运动的健康价值与商业价值。其突出的个性特点与属性如下:

1. 入门难度低,适宜群体广

在美国,不少青少年在从事专业的网球训练之前,会选择练习在打法、规则上与之相类似的匹克球作为过渡项目。由于入门难度低,匹克球有利于提高青少年对运动的兴趣和参与度,对于后续有意学习网球的青少年是一个很好的积累过程。

匹克球作为"速度更慢的网球""球网更低的羽毛球"和"球拍更大的乒乓球",是一项有着独特魅力的新运动。由于它的活动度和运动量比网球小,打不太动网球的人就适宜打匹克球。另外,由于匹克球不同于羽毛球需要急启急停，对膝关节的损伤低，而且活动度与运动量比乒乓球、羽毛球大些，因此深受中老年人的喜爱，他们也将匹克球作为经常的锻炼项目。在国外，55～85岁参加匹克球的人数众多。中国有着广泛的乒乓球、羽毛球、网球爱好者及专业人士的群众基础，等到他们成为银发一族的时候，匹克球将是一个不错的运动选项。

### 2. 场馆建设成本低，场地替代性强

匹克球运动对于场地的要求不高，室内、室外均可进行。只要地面平整度和硬度足够，就能够因地制宜规划出合适的比赛场地。它的场地只占网球场的1/4，比赛场地尺寸跟羽毛球场大体一致，可直接将羽毛球场或网球场的球网降低，用来打匹克球。匹克球的器材也比网球的便宜，有人戏称匹克球是"穷人的网球"。中国的匹克球工厂还研发并生产了可自动升降的匹克球与羽毛球两用网，极大地提高了利用羽毛球场来打匹克球的可行性。

我国有约2.5亿羽毛球人口，羽毛球场更是数不胜数。仅以广州市为例，就有300多万羽毛球人口，2万多个羽毛球场。另外，由于这些场地大多面向上班族，在工作日是大量闲置的。如果用作匹克球场，提供给退休银发族使用，能够大幅提升其使用率。可以说，作为一项新运动，匹克球场地条件在我国有着得天独厚的天然优势。

匹克球运动具有普遍性、基础性、适应性、便捷性与低成本性的特点。其一，对于匹克球爱好者而言，学会匹克球基本技能较为容易，对于身体素质与体能基础要求不高。其二，匹克球运动具有室内运动与室外运动兼顾的特点，室外运动对于场地使用具有便捷性和简易性，室内运动对于场馆的高度、温度、环保、材质、光学等要求和标准要低于传统"四大球三小球"。基于以上特点和属性，匹克球成为爱好者的首选，这也是参与爱好者数量近年来呈现指数

级增长的重要原因之一。

### 3. 具有普遍参与性、广泛社交互动性

匹克球相较于传统"四大球""三小球"突出的竞技属性与观赏属性而言，其群众普遍参与性与广泛的社交属性更加突出。匹克球属于隔网对抗类项目，运动器材新颖、比赛形式多样、打法灵活，对各年龄段的人群都有着较高的吸引力。在国际匹克球联合会制定的现行竞赛规则与机制下，其赛制主要分为单打和双打，可以适用于不同的人群和场景，比如家庭休闲、学生健体、商务休憩、阳光康养。美国户外急救专家克里斯托弗博士说：如果能有一项运动让所有家庭成员都参加，那么我们应该把它介绍给所有的家庭，而匹克球就有着这样独特的能力。

匹克球可以有效地调剂社交生活。更低的入门难度和场地要求、更高的参与度、更灵活有趣的玩法，大幅提高了匹克球运动的社交属性。我国有着庞大的羽毛球、乒乓球人口，也有不少网球爱好者，匹克球作为"三球合一"的独特运动，可以实现跨类别交流、也有利于球场上的代际沟通和人际互动。因此，积极推广匹克球运动，有利于促进家庭、社会沟通互信，对于构筑和谐社会有积极的帮助。

### 4. 体育康健与观赏价值并存

锻炼体魄、身体康养、益体健身是匹克球运动最根本的价值。在进行匹克球运动时，每次击球，全身各部位肌肉群均参与其中，可均衡发展人体协调性、灵敏性，锻炼骨骼肌系统和心肺系统。

匹克球同样具备广泛的参与性与竞赛观赏性。匹克球的运动强度虽然没有网球、羽毛球激烈，但其更趋于平稳柔和。匹克球对打加持的持续性趣味，能让人拥有持续的参与性，对于有氧系统起到很好的锻炼作用，对于观赏者而言其参与性探讨与趣味性观赏更能

愉悦身心。事实上，匹克球并不缺乏竞技性，比如正式比赛中常用到的扣杀、截杀等技术，在具有一定专业素养的球员或爱好者来看，其有着羽毛球的快感、乒乓球的敏捷、网球的刺激。我国的咏春拳、太极拳看上去是柔，触碰的一刻是刚，阴阳互制互换，刚柔并存。匹克球也是这样，如果是双打，双方看上去似在打咏春拳、太极拳，特别是在网前短吊球的时候，双方除了考验体能的耐久性，也在考验柔的隐忍性，一旦找准机会，即是截杀。

匹克球和乒乓球、羽毛球、网球一样，具备完整科学的运动机能。同时，作为一项兼容并包、张弛有度、阴阳互制互换、刚柔并存的新兴运动，它的安全性更高，作为健身运动非常合适，有利于我国全民健身开展。

### 5. 娱乐价值凸显

从一开始，匹克球就是"为快乐而生"，它飞行速度慢，时速约 80~90 公里，击打回合、玩法花样多。相对于乒乓球、羽毛球、网球等运动挑战体能、速度的极限，匹克球运动演变为追求快乐、享受快乐的手段。疫情期间，匹克球随机而生，人们在卧室、在客厅、在厨房、在院子、在车库，都可以颠球、短吊球，充分体现了匹克球的优势。

匹克球适合各类人群，无论有无运动基础，均可以上场一试身手。在人们组织的运动聚会上，随机两人就可以组成一队，再加之娱乐性较强，在比赛中通常充满了欢乐，每场比赛都充满欢声笑语，这也是其他竞技类体育运动项目无法比拟的。

随着我国经济发展水平的逐步提升，国民的物质需求能够得到满足的前提下，精神层面的需求开始提升，人们更加追求丰富有趣的健康生活。闲暇时间进行匹克球锻炼，不仅能强身健体，更能让人们主动关心家人、朋友，让生活在快节奏、虚拟世界的现代人，通过匹克球重新感受现实的社交带来的快乐。

### 6. 体现人文关怀，助推德育价值普及

伴随我国人口老龄化、少子化进程加剧，空巢老人等社会性问题愈加凸显。关注老人的健康、代际隔阂、隔代亲养等问题，成为构建和谐社会，体现社会主义人文精神，推动社会德育教育的重要事项。从体育运动做介入性研究，我们发现目前老年人进行的体育运动项目，基本上不能吸引家庭中的子女参与，吸引青少年参与其中更是无从谈起，因此现实中很多老人都无法与儿女子孙等家庭成员共同享受体育的欢乐。

匹克球的运动量和运动强度适中，适合不同年龄阶段的人群参与，下到学龄少年，上至耄耋老人，广泛的参与性为不同年龄阶段的人群搭建了一个交流的平台，成为打通隔代沟壑的桥梁。经过研究、调研、考察和数据分析，我们发现在北美地区，特别是以美国为首的国家通过推动匹克球在老年人群体中的普及，其运动参与者生活质量、家庭幸福指数普遍呈指数型增长。

从另外一个层面来说，匹克球拍由于表面平整、面积较大，可以设计印刷更多特色的图案，用于传播中华民族的传统文化、价值理念、现代成就。比如深圳市匹克球协会在 2018 年 5 月首次参与文博会，展示了中华经典系列、国宝熊猫系列、京剧脸谱系列等颇具中国特色的匹克球拍，引起了国内外专家和人民群众的关注，很好地将文化与体育结合起来，匹克球拍已然成为传承与宣传中华传统文化的载体。

匹克球由于其自身的运动特点和装备特征，在传递人文关怀、表达文化内涵方面有一定的价值。这些特点和功能，在乒乓球、羽毛球和网球上，是难以实现的。可以说，匹克球运动在这些方面有得天独厚的优势。

### 7. 具有体育竞技与商业价值

匹克球与网球之间有很强的技能迁移效应，可以作为网球的入门选择。技术层面上，从握拍、击球点、身体控制、步伐移动等方面，两项运动有许多的相似之处。在美国，部分网球教练员将匹克球带入网球初级课程之中。

由于网球门槛较高，学球初期的定点练球较为枯燥乏味，是造成我国网球人口基数偏低，制约网球运动普及的原因之一。结合网球和匹克球的相似技术特点，可借助匹克球运动推动网球运动的普及，最终实现网球竞技人口基数扩大。

虽然当前匹克球在全球的普及尚未达到可观的程度，但发展势头迅猛。如前所述，IFP 正在努力争取使之成为 2028 年奥运会正式项目，一旦成功，必将掀起一股全球匹克球浪潮。

从商业价值来判别体育项目的成长空间，其运动项目的群众参与性越广，社会知名度越大，项目的稀缺性越高，其商业价值越大。目前 IFP 已经有 41 个成员国，受众参与年龄跨度达到 50 岁，同时作为新兴运动和背后的新兴产业链，必将带来巨大的商业价值，培育巨大的市场蛋糕。

从我国目前的综合国力与国情来看，我国在乒乓球、羽毛球方面有着大量的运动人才，但是网球人才匮乏。即便要培养，也因为入门难度大、投入成本高等问题，制约了网球人才的发展。从美国的经验来看，不少青少年在从事专业的网球训练之前，选择练习在打法、规则上与之相类似的匹克球作为过渡项目。我国可作借鉴，将匹克球作为乒乓球、羽毛球和网球运动的交叉训练项目，对于人才选拔培养有一定帮助。同时，匹克球作为一项未来有可能进入奥运会的参赛项目，也应得到重视，尽快夯实人才基础，未雨绸缪，做好准备。

从理论上来说，随着国民收入的提高、生活幸福指数的提升、健身时间的增加，只要进行适当的推广，匹克球会有广阔的发展空间。

## 参考文献

[1] 张兆龙，张明亚，蒙军，等. 匹克球运动研究［J］. 广西民族师范学院学报，2018，35（3）：38-40.

[2] 秦豫璠，黄昆仑. 深圳市小学体育课堂开展匹克球项目的前瞻性展望［J］. 体育科技文献通报，2020，28（5）：15-18.

[3] 冯艳，邵继萍. 我国西部地区体育产业发展中投融资机制不足的分析研究［J］. 牡丹江大学学报，2017，26（7）：44-45，59.

[4] 张旭光，李雪颖. "十三五"体育发展将为百姓带来什么［J］. 文体用品与科技，2016（17）：18-19.

[5] 秦立凯. 中国体育产业海外并购的特征、动因及影响研究［J］. 西安体育学院学报，2017，34（4）：404-411.

[6] 丁双凤，王晓燕. 体育高职毕业生职业生涯发展路径调查研究——以体育运营与管理专业为例［J］. 高教学刊，2018（20）：179-181.

[7]《体育发展"十三五"规划》正式发布［J］. 运动，2016（10）：2-3.

[8] 邹翼宇，梁萌萌. 奥运搅热体育经济 全球运动超市连锁集团调查——国际运动零售商"大鳄"布局中国超万亿市场［J］. 创业邦，2016（9）：116-119.

[9] 阿里健康为何联手福建晋江？［J］. 福建轻纺，2018（6）：22-23.

[10] 李墨白. 运动服饰品牌系列报道之四希望与暗礁［J］. 中国服饰，2016（6）：44-45.

[11] 董运来，高跃轩，王大超. 基于DEA模型的中国体育财政支出效率评价［J］. 沈阳师范大学学报（自然科学版），2017，35（3）：326-334.

[12] 曾庆峰.《河南法制报》嵌入航空航天活动的探索［J］. 中国记者，2016（10）：53-54.

[13] 陈放. 金融创新推动下体育产业众筹融资模式研究［J］. 探索，2017（3）：184-191.

［14］王利红. 新时代的健康产业发展研究——以濮阳市为例［J］. 经济师，2018（3）：221-222.

［15］Official Rules［EB/OL］. http://usapickleball.org/what-is-pickleball/ifp-official-rules/.

［16］Member Countries［EB/OL］. http://www.ifpickleball.org/countries.

［17］Ambassadors［EB/OL］. http://www.ifpickleball.org/ambassadors#Ambassadors.

## 第二节　匹克球运动与健康促进

### 一、健康概述

#### （一）健康概念的演变

健康（Health）是一个发展着的概念，它受不同历史阶段的生产力、生产关系、思想观念和科技水平的影响。它主要围绕着疾病这一核心。人们对健康的认识发生着动态变化。随着人类社会的发展，健康的含义也在不断变化。

远古时期，人们认为健康是由鬼神决定的，人类无力抗争，形成了唯心主义崇拜性健康价值观，我们也称为自然崇拜、图腾崇拜。在唯心主义哲学价值观的倡导下，人们认为健康取决于神的意志或自然的因素，缺乏主动性和能动性方法论的实践，极大地限制了人类健康与生命成长的水平。

随着近代科学的发展与唯物主义哲学价值观的提出，人的社会能动性开始以系统的方法论呈现在世人面前，并开始以唯物主义哲学观的方法论指导我们思考、总结和探索。事实上唯物主义健康观的发展经过了两个发展阶段。

　　唯物主义哲学观和方法论形成的初期，关于健康观的理解，我们可以称为被动式健康观，也可称为机械式唯物健康观。在唯物主义方法论的指导和实践下，人们开始意识到人具有能动性，人可以通过劳作、锻炼、养生、医疗来治疗人体的疾病。但是这一观念具有明显的时代局限性，也因此打上了片面的标记。在被动式健康观（本文也称为机械式健康观）指导下，认为人的健康就是没有表面或者显性意义上的疾病，而这种观念实质上只是反映了表象，是负向作用的一种表现，不能从深层次的角度反映隐藏在表象之下的健康病理。

　　在唯物主义哲学理论与近代唯物主义方法论发展趋于成熟后，人们对于健康的理解实现了跨越性发展，具有里程碑的意义。近现代医学、教育学、神经学、免疫学、生物学的发展，开始从健康与疾病两种极致的对立形态的深层机理中挖掘真相和揭示原理。人们开始意识到两种极致的对立之间有一个量变产生质变的过程。在这两种极致对立的状态之间还有"亚健康"等多重状态的存在。通过对量变到质变过程的研究，人们意识到可以通过人类的自我能动性抑制这种演变，到这里我们对于健康的理解开始趋向全面成熟，全新的健康理论也呼之欲出。

　　20 世纪是健康理论发展的分水岭。健康的内涵开始从过去单一的生理机制的健康向以"生理机体健康、心理健康"二维理论过渡，并最终形成了"生理、心理、社会、环境"多重因素叠加的健康理论观。20 世纪 40 年代联合国世界卫生组织（WHO，World Health Organization）以宪章的形式重新定义了健康的定义："健康不仅仅是免于疾病和衰弱，而是保持体格方面、精神方面和社会方面的完美状态。"

　　WHO 对健康的全新定义，是基于人类社会哲学价值观与方法论发展，社会生命科学探索与研究的成果，是人类历史中对于

"人、物、自然、社会"认知的高度概括和提炼，我们也因此认为这是人类社会对于健康的最权威的阐释。事实上，在1968年联合国卫生组织进一步完善了理论，更是将人的社会属性能动性进一步推崇和提升，提出了"身体精神的健康，方具有社会的幸福感"。提到健康和对于健康理论的研究，我们无法绕开1978年联合国世界卫生组织颁布的《阿拉木图宣言》，宣言历史上首次提出了"健康人权"，将健康视为人类最基本的一项权利，健康成为全世界一项重要的社会性指标，各国陆续建立国民健康管理政策与指标。1989年，联合国世界卫生组织进一步提出了健康四维理论，明确提出"健康不仅是没有疾病，而且包括躯体健康、心理健康、社会适应良好和道德健康"。将道德、德育这一指标纳入健康范畴，是一次富有广泛社会意义和深度社会价值的实践，其影响也是极为深远的。各个国家先后把道德修养纳入管理指标，有利于构建社会共识、构建和谐社会、弥合社会分歧。以中国为例，从"八荣八耻"到"可持续发展观"，从"和谐社会"到"中国梦"，其道德修养的内涵已经与国家、民族的精神融为一体，深度地优化了社会环境，社会环境的健康反过来也对我们个人的健康进行了积极的反哺。

### （二）理想健康

健康已经成为一个时代的共识，国民健康管理已经成为各个国家卫生管理体系的核心任务和战略性使命。联合国世界卫生组织从"生理、心理、社会、道德"四个维度对于健康内涵的定义，让人们开始从"医疗学、心理学、生物学、社会学、哲学"等多维度去思考和构建自我的健康管理模型。

新时代健康不再是传统意义上的健康，而是从病疗走向"防—治—养"模式，在这一健康理念的支撑下形成了全新的健康评估体系，不同学科的学者开始走向联合，并开始探索健康的终极目标——理想健康（Optimalhealth）。

理想型健康（Optimalhealth）是指个体致力于维持健康状态，并充分发挥自己最大潜力，以达到"身心合一"的整体完美，这不仅是身体机理意义上的健康，更是社会性的健康。理想型健康就是要通过"防—治—养"模式，从"生理、心理、社会、道德"四个维度全面改善自我健康水平，最终达到个人身体、个人与社会、个人与环境的完美和谐。在此基础上，1990年世界卫生组织提出了"健康"的内涵包含如下：

①健全的人格，对于社会或他人充满爱，富于爱的精神。

②拥有充沛的精力，能在日常生活与工作压力中寻求平衡，而不过于焦虑。

③对于人生、事业、亲情、社会等拥有乐观的态度，乐于为责任而付出和坚守。

④合理休息，善于调剂、优质睡眠。

⑤具有自我应变力，能适应环境的变化。

⑥拥有强健的体魄，能抵抗感冒和传染病。

⑦身体各部位协调，具有标准匀称的身材。

⑧双眸明亮，反应敏锐。

⑨牙齿清洁，无龋齿，洁白明亮，齿龈颜色正常，无出血现象。

⑩头发有光泽，无头屑。

⑪肌肉、皮肤富有弹性，走路轻松。

由此可见，理想健康包含了很多层面的内容，与其说它丰富了健康的本质，倒不如说是强调了获得健康的途径。

## (三) 影响健康的因素

个体和群体的健康是伴随生存时间的延长逐渐改变的，从出生到死亡每一个人都会表现出起伏不定的健康曲线，而影响这一过程的主要因素是环境、生活方式和遗传。

### 1. 遗传

遗传（Heredity）是决定或限制健康状态表现的直接因素，基于各民族、种族、肤色、基因的差异，社会、自然、生存环境的不同及父母基因与体质等因素的不同，会对下一代产生不同的影响。一旦遗传产生作用，常常会发生许多不可逆转的疾病。已知人类遗传性疾病 3000 多种，人群普查中显示，各类遗传病在人群中的发病率约 20%～25%，目前我国出生儿童遗传缺陷总发生率为 13.7%。另外，遗传还与高血压、肥胖、糖尿病、肿瘤等疾病的发生有关。

### 2. 环境

环境（Environment）与健康是人类永恒的主题。遗传是人类繁衍的内在影响和制约因素，环境因素则通过不同的形式、深度、特质影响遗传所赋予人的成长潜力，并最终通过环境的演变决定人的健康程度、人类的可持续发展。所以，我们在研究、实践或生活中除了强调人与人的和谐之外，还必须强调人与自然的和谐统一，这是因为人类的发展、人类的健康从来都离不开客观环境，或者说环境与人类是一个不可分割的整体。

1993 年，WHO 提出"持续发展的中心问题是人类，人类有权享有自然和谐的健康而有生产力的生活"；2007 年我国制定了《国家环境与健康行动计划（2007—2015 年）》，以改善和促进我国环境与健康工作积极发展。环境因素包括自然环境和社会环境。

**（1）自然环境**

自然环境（Natural Environment）就是指人类生存和发展所依赖的客观的自然条件、事物、物质的总和。例如，大气、植物、动物、水、太阳辐射、土壤、岩石矿物等，这些是人类赖以生存的物质基础和先决条件。人类是自然的产物，而人类的活动又影响着自然环境。随着经济的日益发展，人与自然之间不和谐程度亦日益加剧。人类的发展与进步主要依赖于资源，特别是不可再生资源。发展与繁荣的背后严重地存在着不顾后果的破坏性开发、抢占甚至掠夺自然资源的现象。比如，滥伐森林、草地湿地退化缩小、土地沙化、水土流失、有害物种繁殖并侵入、工业与生活污染蔓延、全球变暖等。这对人类的健康会造成直接或间接的伤害，呼吸道疾病的发病率和死亡率增加，癌症、畸形的发病率升高，禽流感、疯牛病的出现等都是最有力的证明。

**（2）社会环境**

社会环境（Social Environment）是指在依托人类赖以生存的客观的自然环境的基础上，人类通过劳动、群居和物品交换而形成社会关系。人类社会通过劳动改造自然，从而创造剩余价值，并通过物物交换实现流通，从而形成人类社会。我们提到的社会环境与自然环境的概念是一个相对的关系。

自然环境包括的是山、水、石、木、风、雨等事物；社会环境包括宗法制度、文化、教育、法律、卫生、职业等。自然环境为人的生存提供了基础和依托，而社会环境则提供了一套规则，保障人与人之间、人与物之间遵循着规则运行。

### 3. 行为和生活方式

不良的自身行为（Behavior）和生活方式（Lifestyle）可以直接

或间接地影响个体健康。随着社会经济、科技、文化、教育等的深度、高质量发展，许多生命科学难题和医学问题已经解决，而不良生活方式和行为成为影响人体健康的主要显性因素。许多疾病如高血压、糖尿病、肥胖、痛风、性传播疾病等均与生活方式和行为关联。

**（1）行为因素（Behaviorfactor）**

行为是有机体在外在环境刺激下所引起的反应，在外界环境的刺激下人体生理机制由触觉产生反应，而内在的心理也同步产生变化。人类社会的活动是复杂多样的，但人类的活动始终遵循着一条基本的规律，它的存在维持了自我的生存和各种族的延续。在这里必须说明的是，人的行为是影响身体健康的重要因素。从研究和数据中可以得到一个基本的结论，人的行为与健康体质的变化有着密切的关系。例如，吸烟、酗酒、吸毒、不当减肥、久坐、不良饮食、不良性行为等都会危害人体的健康。

**（2）生活方式（Lifestyle）**

生活方式是人类在漫长的历史中，各个民族、国家、种族在各个地域或文化的特定条件下形成，具有鲜明特质的行为模式。这种模式形成离不开特定的地理、自然、人文、社会、经济、民族因素的相互组合、相互作用、相互制约和相互影响。建立在各个民族、地域的宗法、信仰、社会、个性特征和传承因素基础上的生活模式，包括了饮食、生育等，而这些不同的生活模式或多或少都具有缺陷性，这也就导致了各种疾病或健康问题的出现，一些慢性疾病、传染性疾病发病率升高。例如，欧洲人糖尿病、高血压、痛风、肥胖的高发病率与他们爱吃奶油、海鲜等高蛋白、高热量食品以及长时间坐姿工作不无关系；我国近年来这些疾病的发病率增加也很快，与生活方式的改变有着密切的关系。

WHO组织了一项主题专项研究，在1991年向全球公布了研究成果：个人的健康和寿命15%取决于遗传，10%取决于社会因素，8%取决于医疗条件，7%取决于气候的影响，而60%取决于自己。WHO的这项研究可以得出一个结论：在制约人类健康和生命的多重因素中，其中40%的因素是我们无法改变的，60%的因素则是取决于个人的生活方式。

我们调研中发现，由于个人生活方式而导致的疾病或健康问题层出不穷，但很多的悲剧是可以避免的，从科学上来讲，个人生活方式科学与否，对于寿命的长短和个人健康有着至为重要的作用。由此，基于我们健康的考虑，培养良好的生活习惯，克服不良的生活习惯，是我们预防疾病、降低发病率的关键。

## 二、运动与人体健康

影响健康的因素是多方面的，如遗传、自然环境、营养、生活习惯、药物以及运动等因素。另外，人格特征、社会文化环境等也是影响健康状况的重要因素。如果单靠体育活动去控制诸如营养、生活习惯，以及遗传或自然环境等这些对人体健康状况产生重大影响的因素是不切实际的。因此，体育运动对健康的作用只有与这些因素产生交集才能够充分发挥作用。

体育运动是以身体练习为基本手段，以增强体质、促进人的全面发展、丰富社会文化生活、提高精神文明为目的的一种有意识、有组织的社会活动，既受一定社会政治、经济的影响和制约，也为社会政治、经济服务。从这一定义可以看出体育运动的主要目的就是增进健康，显然这里所谓的体育运动不是指奥林匹克选手所参与的竞技运动，而是指一般人为了自身健康所参与的体育锻炼。体育锻炼是对生命体自然存在样态的回归，缺少体育锻炼，生命体自身（如各个器官系统的机能等）就会按照自然法则出现不良变化，而这种变化的直接显现就是疾病的发生，也就是说，运动不足导致疾病的发生是由于人处于非自然状态所致。所谓"参加运动有助于增进健康和减少疾病的发生"，不过是从运动不足这一非自然状态恢复到"运动＝生命"的自然状态。但是话又说回来，生命体并不因为保持其本来的、自然的状态而不患病，按照中医的理解，所谓的疾病不过是人与环境之间某种平衡状态发生变化的反映，它同样属于不以人的意志为转移的另一种自然现象。总之，体育运动是提高和保持身心健康的主要途径和方法之一。人民群众和广大青少年的身心健康受到党和国家的高度重视，特别是青少年的健康是一个民族旺盛生命力的体现，是社会文明进步的标志，是国家综合国力的基础。党和国家高度重视儿童青少年体育健康核心素养的提升和全面发展，发布了《健康中国 2030 规划纲要》《体育强国建设纲要》《关于深化体教融合促进青少年健康发展的意见》《关于全面加强和改进新时代学校体育工作的意见》等一系列文件，加强青少年体育，增强青少年体质，提高全民族的素质具有重大战略意义。体育运动或锻炼对人身心健康的影响主要表现在以下几方面：

## （一）匹克球运动对身体健康的影响

体育运动是人们根据需要自我选择，以发展身体、增进健康、增强体质、调节精神、丰富文化生活和支配余暇时间为目的的活动。经常从事匹克球运动有益于全身各系统，可改善肌肉、心血管、消化、呼吸系统功能，提高神经、内分泌和免疫系统调适能力，改善亚健康状况，从而达到人体形态结构、生理机能、运动能力的完好状态。古希腊伟大的思想家亚里士多德有句"生命在于运动"的名言就深刻揭示了运动对身体健康所起的重要作用。

## (二) 匹克球运动对心理健康的影响

匹克球运动不仅对人体身体健康具有良好的影响,对心理健康也具有积极的促进作用。现代文明改变了人们的生活方式,使现代人精神紧张,心理负担加重。大量医学研究和临床实践证明,在疾病的发生、发展、治疗、恢复和预防中,心理因素的作用不可忽视。体育锻炼不仅可以提高人类的健康状况,满足人们娱乐享受的要求,还可以减轻或消除紧张、焦虑和抑郁,培养自觉性、坚韧性和自信心。心理学家研究发现,人们热衷于健身体育锻炼不仅仅是为了抽肥补瘦和防止心血管疾病的发生,更重要的是锻炼者在体育锻炼过程中有各种愉快的情绪体验。如在体育运动中身体活动到极限时,锻炼者会出现一种自身和情境相交融的感觉,出现身体轻松、充满活力、超越自我的良好心态。体育锻炼被认为是能够使个体产生积极自我评价和有效控制情感的一种身体活动。经常参加体育锻炼者更自信,对事物的看法和认识有更积极的态度,工作和生活有更强的独立性以及独立完成任务的强烈信心和愿望。因此,体育锻炼对心理健康有积极的促进作用,这也是体育锻炼产生内心愉悦和乐趣的结果。

## (三) 匹克球对人格的影响

人格的形成及其发展与人的行为活动密不可分。运动能培养和谐的人际关系及良好的心理调控能力,增强意志品质,培养集体观念,有助于排除各种不健康的心理因素。现代社会的体育教育不仅是传授知识和技能,也不仅仅是增强体质,更重要的一点是在培养团结、竞争和协作的精神。在美国,许多成名的大企业家或多或少都有体育锻炼经历。体育精神具有较强的个人效能感。效能、信心、效率等在体育教育中均有体现。

## （四）匹克球运动对情绪及应变能力的影响

体育是唤醒、激越、振奋民族意识的重要文化手段，体育对弘扬民族精神的直观作用就是在于它树立了民族形象。我国的体育发展动力来自民族的忧患意识和自强意识。无论是在奥运会上夺取金牌，还是推行全民健身计划，都深藏着一个民族的文化背景。情绪状态是指情绪本身的存在形式，主要包括心境、激情、应激等。许多研究发现，参加愉快的、非竞争性的或有节奏的体育锻炼会产生显著的短期情绪效应，从而形成良好的情绪状态；而竞争性的体育活动有助于提高机体的积极进取和应变能力。体育锻炼具有减轻应激、降低紧张情绪、提高应激能力的作用。

## （五）匹克球运动对智能的影响

体育锻炼能提高大脑皮质反应的灵活性，有激活脑细胞的功能。美国加利福尼亚大学琴森教授经过多年研究认为，测定人脑细胞的反应速度，可以看出他的思考速度和智商的高低，而经常从事体育锻炼是促进脑细胞反应速度提高的重要方法之一。

## 三、体适能概述

健康是指身体、精神、社会和道德的完好状态，而体适能是指身体适应生活、运动和环境等因素的应变能力。健康包括身体健康、情绪健康、智力健康、精神健康和社会健康五个方面。体适能的研究内容则包括健康体适能、技能体适能和代谢体适能。它们之间的关系是：健康是一种"状态"，体适能是一种"能力"，健康和体适能的关系就是"状态"与"能力"的关系;"状态"决定"能力",也就是说,身体处于健康状态时,体适能就好,身体处非健康状态时,体适能就差。而体适能对健康也有一定的反作用,保持一定的体适能,特别是健康体适能和代谢体适能的维持对健康有促进作用。

健康体适能是评价一个人生理能力的常用指标,是健康的生理基础。在一个人生长发育过程中,随着生理机能的逐渐衰退,健康体适能也会随之下降。此外,反映健康体适能的指标还有慢性疾病的预测因子,如身体成分与高血压、冠心病、糖尿病的关系。可见,促进健康的方法也一定能够促进健康体适能,反过来,提高健康体适能也能促进健康。

## (一) 体适能概念的提出

体适能(Physical Fitness)源于美国。在第二次世界大战期间,由于战争的需要,在对约 200 万 21 岁~35 岁中青年进行征兵体检时,有约 90 万人因为心脏不健康、10 万人因教育程度不够未服兵役。1954 年,克劳斯·韦伯(Kraus Weber)体能测试结果进一步显示,当时美国青少年体能状况明显低于欧洲各国,令政府和民众极为震惊。1955 年,艾森豪威尔总统率先成立了"青年体适能总统委员会"(President Councilon Youth Fitness),明确对青少年体能水平下降提出了严重警告。1958 年,由美国体育界的健康、体育、休闲活动协会(American Alliance of Health, Physical Education and Recreation, AAHPER)提出"青少年体能测试计划"(The Youth Fitness Test Project)用来评量美国青少年的身体运动能力。这份计划包括引体向上、仰卧起坐、立定跳远、折返跑、50 码冲刺、垒球掷远与 600 码跑步七项,用来测验人体的上肢肌力、腹肌耐力、敏捷、速度、协调与心肺耐力等七种身体能力。后来,AAHPER 分别在 1965 年与 1975 年两度修正测验的项目与方法。1980 年美国健康、体育、舞蹈协会（The American Alliance for Health, Physical Education, Recreation and Dance. AAHPERD）则将体能的检测项目改由心肺适能、肌肉适能、柔软度以及身体组成四项所构成，检测的项目分别为 1 英里或 9 分钟跑、1 分钟仰卧起坐（屈膝、双手抱胸）、坐位体前屈、皮脂厚总和（肱三头肌与肩胛下方）四项。1980 年以后的体能检测项目皆与该内容类似。1980 年 AAHPER 出版的《Health – Related Physical Fitness Test Manual》将 Performance Test 修改为 Fitness Test。认为 Fitness 可以应用在不同的目标上，如疾病的预防、日常生活效率和能力的评估、在一定水平上（如舞蹈、运动等）保持身体活动的能力的评价。同时，中国台湾、中国香港的运动生理学界率先将这一名词翻译为"体适能"。在中国大陆只是近年来学术界才开始对这一名词进行讨论。由于 Fitness 一词的本意是"适当"或"适切性"的意思，因此，有人将它理解为"健康"的意思，即身体各方面均处于适当的状态。但在英文文献中，此词更侧重于表达身体对某种事物的适应能力，如 Fitness for competition、Fitness for life activity 等。所以，将它翻译成"体适能"比较贴切。

## （二）体适能的定义

从广义上讲，体适能是指人体适应外界环境的能力，是健康概念的一种延伸。WHO 对"体适能"的定义是："身体有足够的活力和精神进行日常事务，而不会有过度疲倦，还有足够的精力享受余暇活动和应付突发的紧张事件的能力"。美国运动医学学会（American College of Sports Medicine, ACSM）认为"体适能是机体在不过度疲劳状态下，能以旺盛的精力愉快地从事日常工作和休闲活动，能从容地应对不可预测的紧急情况的能力。"综上所述，尽管文字表述有所不同，定义也不尽一致，但其核心思想大同小异，可以把它概括为身体适应生活、运动和环境等因素的一种应变能力，故体适能也是身体适应能力的一种简称。西方国家多用 ACSM 对体适能定义，我国学者则用 WHO 对体适能定义。

### （三）体适能的分类

美国运动医学会认为：体适能包括"健康体适能"（Health - related Physical Fitness）和"技能体适能"（Sport - related Physical Fitness）。有学者认为还应包括"代谢体适能"（Metabolism - related Physical Fitness）。

#### 1. 健康体适能

健康体适能就是与健康有密切关系的体适能。它是机体维护自身健康的基础，是机体保持愉快完成日常工作和降低慢性疾病发生的前提。一般情况下，人们所称的体适能主要就是指健康体适能。

#### 2. 技能体适能

技能体适能是机体运动能力的反映，包括灵敏性、平衡性、协调性、爆发力、反应时与速度等，这些要素是从事各种运动的基础。体适能中与技能相关的这些素质不是每个健康人都具有的，因为拥有这些素质还要有一个动作学习的过程。拥有它们的人很容易完成高水平的技术动作，如在体育或特技中，因而与技能相关的体适能的组成部分有时也叫竞技体适能。

#### 3. 代谢体适能

近年来部分学者提出的新的体适能分类——代谢体适能，主要包括血糖、血脂、血胰岛素、骨密度等。代谢体适能反映的是机体内的代谢机能状态，它同许多慢性疾病的发生或发展直接相关，而且与运动锻炼的效果直接相关。通过运动锻炼可以降低血脂水平、控制血糖、提高骨密度等，可以达到增强机体代谢性体适能的目的，减少各种运动不足性疾病的发生，并影响机体整体体适能水平。

　　体适能是三类体适能的综合表现。一个健康的人，三方面的参数至少要达到适当水平。不同的体适能之间存在着相互关系，又有所区别。健康体适能是个体能否适应运动需要的重要方面，主要体现在体内主要能源物质的储备方面，是构成体适能系统的物质基础，发挥着最基础的作用并影响着运动体适能水平的高低，所以塑造良好的健康体适能是体适能训练的重要内容，在进行体适能训练时应得到优先发展。例如，姚明在 NBA 的训练开始阶段主要以增加肌肉比例、降低脂肪比例的训练来增加体重，增强心肺功能的训练来适应比赛激烈的身体对抗。一个拥有良好的健康相关的体适能成分者并不一定具有优秀的技能体适能，因为还涉及到一个学习过程，但要拥有优秀技能体适能的前提是机体要有良好的健康体适能基础。虽然没有证据表明技能体适能与健康和疾病有直接关系，但是，优秀的技能体适能可以提高运动兴趣，改善健康体适能和代谢体适能。有些人体适能发展会表现出不平衡性，如力量特别大的人并非一定拥有特别优秀的心血管机能，协调性极佳的人可能没有特别好的柔韧度，这种现象的产生与个人的运动兴趣有关。

## 四、匹克球运动与体适能

### (一) 匹克球运动与健康体适能

#### 1. 健康体适能的四要素

健康体适能直接与个体日常生活从事的职业和工作的能力有关,包括心肺适能、肌肉适能(力量与耐力)、身体柔韧性、身体成分四个要素。

**(1) 心肺适能**(Cardio – respiratory Endurance)

心肺适能是心脏、血管与呼吸系统协同工作的能力,提供给肌肉工作所需的氧和能源物质,它们的功能直接影响肌肉利用氧和能源物质长时间工作的能力。良好的心肺适能不仅能保证身体长时间有效地工作,同时也是机体工作后疲劳快速消除和机能有效恢复所必须的。心肺适能又称为有氧适能(Aerobic Fitness),是健康体适能中最重要的要素。

**(2) 肌肉适能**(Muscular Fitness)

肌肉力量——肌肉抵抗外力或移动重物的能力。一定的力量可使个体胜任那些需消耗体力的工作与娱乐活动。肌肉耐力——肌肉重复工作的能力。耐力强的人可以长时间工作而不至于过度疲劳。

**(3) 身体柔韧性**(Flexibility)

柔韧性指关节活动的范围,受肌肉长度、关节结构及韧带特性的影响。良好的柔韧性有利于劳动和运动锻炼时关节在较大的范围内活动，减少骨骼、肌肉或关节的损伤几率。

**（4）身体成分（Body Composition）**

身体成分指肌肉、脂肪、骨骼及其他组成机体成分的相对百分比。其中体脂是评价身体成分的主要方面，理想的体适能应有适当的体脂百分比。身体成分保持在一个正常百分比范围对预防某些慢性病如糖尿病、高血压、动脉硬化等有重要意义。

### 2. 健康体适能的重要性

体适能可视为身体适应生活、工作与环境（例如，温度、气候变化或病毒等因素）的综合能力。体适能较好的人在日常生活或工作中，从事体力性活动或运动皆有较佳的活力及适应能力，而不会轻易产生疲劳或力不从心的感觉。在科技进步的文明社会中，人类身体活动的机会越来越少，营养摄取越来越高，工作压力、生活压力和休闲时间相对增加，每个人会更加感受到良好体适能和规律运动的重要性。健康体适能的重要性可归纳为下列几点：

**（1）有充足的体力来适应日常工作、生活或学习**

人们的工作效率、学习效率、生活质量皆与体适能有关，尤其是心肺适能。一般而言，心肺适能较好的人，脑部获取氧的能力较强，脑力性工作的特久性和注意力也强。

**（2）促进健康和发育**

健康体适能较好的人，身体状况较佳，很少生病。

**（3）有助于各方面的均衡发展**

身体、心理、情绪、智力、精神、社交等状况皆相互影响。有良好的健康体适能，对其他各方面的发展皆有直接或间接的正面影响。

### （4） 养成良好健康的生活方式和习惯

青少年时期对于饮食、生活习惯、环境卫生和心理、生活压力等有良好的认知、经验和态度，对于将来养成良好的生活方式，有深远的影响。

### 3. 健康体适能可以通过匹克球等运动进行塑造

健康体适能是匹克球运动的基础，而匹克球运动可以提高参与者的健康体适能水平。健康体适能虽然有一部分是遗传决定的，但后天的影响更为重要。影响人体适应力的后天因素包括自然环境、社会环境、生活方式（包括营养、嗜好、作息、卫生和运动等），其中最为积极的因素是经常性的身体运动。经常性运动是一种健康的生活方式，对于获得良好的健康体适能、形成和保持最佳的健康状态以及提高生活质量至关重要。良好的健康体适能通常是通过经常性的运动锻炼获得的，而具备了良好的健康体适能，能够有效地减少患运动缺乏性疾病的风险，改善生活质量。与遗传不同的是，生活方式是后天形成的，因而也是可以改变的。专家认为，增强健康体适能和改善健康，最好的办法就是改变不良的生活方式，形成理性、和谐、健康的生活方式。

人体的各种生理功能都处于一定的变化范围内，并不是固定于某一状态。同时，生理功能所处的状态受生活环境、生活方式、营养、体育锻炼等因素的影响。健康体适能本身就是多种生理功能状态的体现，同样也受到这些因素的影响而处于一定的变化区间内，也就是说健康体适能具有一定的可塑性，它是机体对内外环境变化产生适应性变化的结果。人体之所以能够通过训练改善其体适能，就是因为人体具有很强的适应外界环境的能力。人体各器官、系统的功能在一定的区间内处于动态变化状态中，在环境条件发生改变的情况下，人体能够很快地产生应激反应。多次类同的应激刺激，会使机体功能状态得到提高。人体的这种特性被称为可训练性（Trainability）。另外，人体对外界环境的改变还具有恒常性的反应特点，即人体在环境变化的情况下能够保持机体功能状态的相对稳定，而不至于由于功能状态的巨变引起身体的不适反应甚至产生伤害或疾病。在一定程度上，人体的可训练性与恒常性是一种矛盾。科学的运动锻炼就是利用合理设计的运动刺激，突破身体维持恒常性的机制，诱使身体产生抵抗力以对抗和适应身心受到的强烈运动刺激。此种情况一再反复就会使身体产生较强的对抗运动刺激的适应能力，这就是体适能的提高。同时，科学设计合理的运动刺激本身就要求对运动主体的体适能水平进行估计和测量。可见从事匹克球运动等体育锻炼是促进健康体适能主要的、科学的方法。

## （二）匹克球运动与技能体适能

体适能的最高层次是机体对竞技运动的适应。由于竞技运动训练是对人体极限运动能力的开发，因此，运动者要想发挥其最好成绩就必须使其有关的诸方面的适应能力都调整到最佳状态。心、体、技是创造良好运动成绩的三个不可偏废的要素。身体方面，体适能被分为速度、力量、耐力、柔韧、灵敏、协调等诸方面。在体适能概念指导下，一切超负荷训练和模拟训练都是为机体营造一种近似比赛环境的条件，使机体的机能能力逐渐适应这种环境，从而提高专项体适能。在匹克球等竞技运动训练中，超负荷、高强度是提高运动成绩的两大法宝，同时也是运动伤害的主要诱因。因此，科学安排运动训练的负荷是提高运动成绩的关键所在。"体适能"概念在运动训练领域的应用代表了运动训练的生物学观点，即机体在运动刺激下而发生的适应性变化是获得训练效果的根本原因。在这种观点下，匹克球训练是对人体适应能力的开发，包括形态、机能适应性变化。比如，力量训练可以提高肌肉的力量水平，其原因在于训练可使肌纤维增粗，肌细胞数量增多，从而使肌肉变得肥大；可以改善神经-肌肉偶联的功能，从而可使参加工作的肌纤维比例增大；同时可以改善肌肉间的协调性。这其中的每一项改变并不是分别由专门设计的训练单独引起的，而是在力量训练的过程中人体自然表现出的适应性改变。从这个角度讲，体适能概念的提出更加科学地描述了运动训练效应的获得机理，也使得教练员和科研人员能够更多地考虑运动员机体的现实情况，充分地利用生理学和生物化学的知识，依照人体技能适应性改变的客观规律科学地安排训练。在匹克球的训练过程中，人们由重视大运动量和超负荷的训练计划转而重视对运动员疲劳及恢复过程的研究，以最新的疲劳理论为指导，科学制订恢复措施，并将运动训练后的恢复问题摆在了十分重要的位置。

## 参考文献

［1］曾承志. 健康概念的历史演进及其解读［J］. 北京体育大学学报，2007（5）：618-619，622.

［2］李响. 体育锻炼对心理健康的效应分析［J］. 辽宁教育行政学院学报，2006（8）：132-133.

［3］朱元利，苟波. 全民健身活动指导丛书［M］. 陕西：陕西科学技术出版社，2011.

［4］健康教育学讲义［EB/OL］. https：//www.docin.com/p-416221527.html.

［5］孙飙. 以身体活动为核心的学校"健康管理"模式研究［J］. 南京体育学院学报：社会科学版，2009，23（1）：13-20，34.

［6］贾齐. 健康与体育关系之我见——兼谈体育的陶冶性价值［J］. 体育与科学，2001（1）：55-57.

［7］健康与体育关系之我见——兼谈体育的陶冶性价值［EB/OL］. http：//www.worlduc.com/blog2012.aspx?bid=23021262.

［8］贾玉琳，刘新卯. 论体育与人生健康［J］. 河北体育学院学报，

2004（2）：22-23.

［9］朱国兰. 论体育运动对人的积极意义［J］. 思想战线，2013，39（S2）：397-398.

［10］论体育运动对人的积极意义［EB/OL］. https://www.doc88.com/p-7874018784896.html.

［11］占叶俊. 浙江畲族大学生体质调查与分析［D］. 北京：北京体育大学，2007.

［12］杨忠伟. 人类健康概念解读［J］. 体育学刊，2004（1）：132-134.

［13］张兆龙，张明亚，蒙军，钟学思. 匹克球运动研究［J］. 广西民族师范学院学报，2018，35（3）：38-40.

［14］姜桂萍. 河北师范大学学生生活方式与健康体适能关系的研究［D］. 石家庄：河北师范大学，2007.

［15］杜秀芳. 大同市老年人体质健康状况的调查与研究［D］. 太原：太原理工大学，2008.

［16］任军. 浅议运动是保持身体良好状态的有效方法［J］. 大众科技，2010（9）：216-217.

［17］文献札记：贾齐—《健康与体育关系之我见》［EB/OL］. http://blog.sina.com.cn/s/blog_5d0dddd40101axkc.html.

［18］健康模式的演变与健康的定义［EB/OL］. http://blog.sina.com.cn/s/blog_4db619d901000ag7.html.

［19］体育运动改善心理健康生理和心理机制/教育科技论文［EB/OL］. https://www.xchen.com.cn/dyjy/jykjlw/444503.html.

［20］谢桂莲. 试述医院工会对工会人员的健康指导［J］. 企业家天地下半月刊：理论版，2008（3）：161.

［21］李燕. 无锡市公立医院医护人员健康状况与体育健身调查研究［D］. 苏州大学，2010.

［22］郭芳芳. 耐力运动对健康体适能的影响［J］. 科技致富向导，2010（2）：27-29.

［23］警惕不良生活方式［J］. 长寿，2005（11）：6.

［24］张钧华. 运动体适能指标优选与评价标准的初步研究——以陕西中医药大学非体育专业大学生为例［J］. 西部皮革，2016，38（18）：281.

［25］崔会敏. 体育教学俱乐部制促进学生体质健康效果研究［D］. 大连：大连理工大学，2007.

［26］易金锋. 营造景区主题特征的建筑设计手法研究［D］. 西安：西安建筑科技大学，2010.

［27］刘卫峰. 普通高校研究生亚健康状态成因分析及对策研究［J］. 四川体育科学，2006（2）：78-80.

［28］陈少坚. 闽台学生体质健康（体适能）评价标准及监测结果若干指标比较［J］. 福建体育科技，2011，30（5）：4-6.

［29］伍碧. 图书馆员的健康管理初探［J］. 内蒙古科技与经济，2021（1）：139-142.

［30］罗媞. 健康资源可持续发展研究［D］. 武汉：华中师范大学，2005.

［31］廖佩文，陈惜娜，方金娴. 健美操教学与人体运动美探析［J］. 山西师大体育学院学报，2010，25（S1）：67-69.

［32］郭杏玲. 我国学校健康教育的影响因素及对策探讨［J］. 课程教育研究，2013（3）：210-211.

［33］晁岳刚. 独生子女背景下高校体育精神教育研究［J］. 牡丹江医学院学报，2012，33（3）：80-83.

［34］曹永林，葛振斌. 现代体育与建立居民健康生活方式的研究［J］. 山西大同大学学报：自然科学版，2011，27（5）：87-89.

［35］王勇，杨建宏. 浅谈"两操"在体育教学中的重要性［J］. 产业与科技论坛，2012，11（21）：143-144.

［36］蓝荣，张立光，周德书. 体育运动领域中"体适能"概念的产生及其影响［J］. 广州体育学院学报，2004（1）：125-126，124.

［37］王宏正. 世界健康城市老年人健康与健康体适能之研究［D］. 苏州：苏州大学，2011.

［38］体适能概念的提出对体育运动的影响［EB/OL］. https://wenku.baidu.com/view/c368e0a4bbd528ea81c758f5f61fb7360b4c2b12.html.

［39］浅析"体适能"概念对体育教学和训练的影响［EB/OL］. http://blog.sina.com.cn/s/blog_4b2717330100cb73.html.

［40］健康体适能测试与评价［EB/OL］. https://www.doc88.com/p-597594907210.html.

［41］李志宏，周振华. 湖南省体育后备人才体适能监控体系构建研究［J］. 科技信息，2010（32）：7.

［42］薛琼. 宝鸡市红山中学学生（12-15岁）健康体适能发展水平的探索研究［D］. 西安：西安体育学院，2011.

［43］孙飙. 以身体活动为核心的学校"健康管理"模式研究［J］. 南京体育学院学报：社会科学版，2009，23（1）：13-20，34.

［44］健康体适能讲义［EB/OL］. https://wenku.baidu.com/view/470836a9d1f34693daef3eec.html.

［45］肖夕君. 体质、健康和体适能的概念及关系［J］. 中国临床康复，2006（20）：146-148.

［46］王欣. 体适能基本理论与我国高校男生篮球体适能训练研究［D］. 大连：辽宁师范大学，2007.

［47］健康管理与体适能［EB/OL］. https://www.docin.com/p-965450882.html.

［48］体适能［EB/OL］. http://blog.sina.com.cn/s/blog_8541a1290100uf6r.html.

［49］运动生物化学知识总结与学习感受［EB/OL］. http://www.ruiwen.com/gongwen/xuexizongjie/252398.html.

［50］关于运动生物化学知识总结［EB/OL］. https://wenku.baidu.com/view/134601d633d4b14e852468d6.html.

［51］罗光飞. 关于体适能的概念及其影响的基本研究［J］. 文体用品与科技，2014（2）：158，160.

［52］吴长稳，沈一岚，韩微. 太极拳运动与老年人健康体适能的研究［J］. 宝鸡文理学院学报：社会科学版，2008，28（6）：104-107，125.

［53］郭兰兰. 大学生健康体适能发展现状研究［J］. 科学中国人，2016（24）：196.

［54］罗先进. 体育教学中如何促进学生体质发展［J］. 新课程导学，2016（33）：42-43.

# 第二章　匹克球技战术与比赛规则

## 第一节　匹克球的基本技术

匹克球技术是匹克球比赛中所运用的各种专门动作方法的总称，是运动员竞技能力水平的重要决定因素。合理的、正确的运动技术须符合匹克球规则的要求，有利于队员的生理、心理能力得到充分的发挥，有助于队员取得良好的竞技效果。

匹克球运动的各种技术动作，都有着符合人体运动力学基本原理的标准技术及规范的技术要求；但对每名队员来说，又必须依据个体的生理学特点，选择和掌握具有个人特征的运动技术，才能更为有效地参与运动竞赛。

### 一、握拍、准备姿势和基本步伐

#### （一）匹克球握拍（Grip）

初学匹克球，首先要学握拍方法。通常来讲，握拍分为大陆式握拍法（Continental）和"V"式握拍法。

大陆式握拍法：握拍时拍面与地面垂直，大拇指与食指呈 V 字形握在拍柄的中部，就如同与人握手一样，自然握住拍柄。(图2-1①)

"V"式握拍法：握拍角度和大陆式一致，区别在于食指非握

紧拍柄，而是伸直紧贴拍面。（图2-1②）

因为在实战中比赛节奏较快，正反手握拍的一致可适应比赛中的快节奏，所以我们采用大陆式和"V"式握拍法都是可行的，具体采用哪种方式取决于选手的习惯。"V"式握拍法通常会提供较好的稳定性和拍头控制。

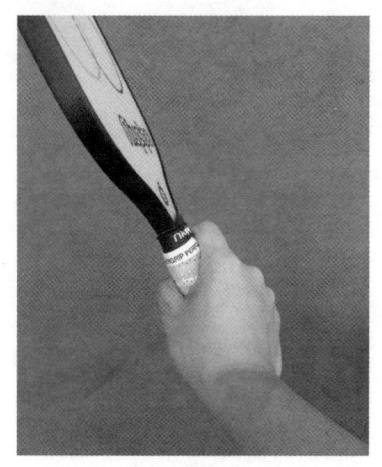 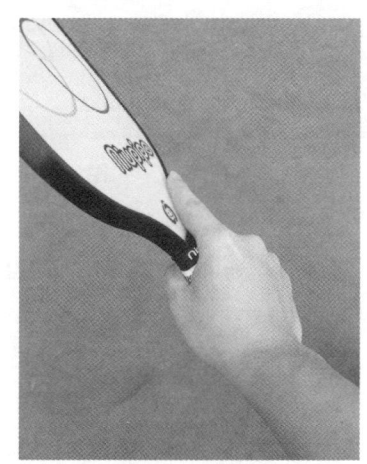

①大陆式握拍法　　　　　②"V"式握拍法

图2-1

## （二）基本准备姿势（Ready Position）

准备姿势可以让队员快速有效地往球场任意方向移动。从而打出最有效率的回击球。

动作要领：两脚左右开立，两膝微屈，重心放在脚尖上，上身稍向前倾，身体保持平衡。右手轻握球拍，左手扶住球拍，球拍置于肚脐与胸之间的高度，位于胸口前1到1.5把球拍的距离。两眼目视前方，观察来球和对手球拍拍面。（图2-2）

图 2-2 基本准备姿势

（三）基本步伐：分腿垫步（Split Step）

正确的步伐可以帮助队员快速接近球，提高在场上移动的效率。

动作要领：位于底线时，从预备姿势以交叉步向左或向右移动，在底线击球后，保持重心前移，回到预备姿势；位于非截击线时，以垫步左右移动，肩膀和球网平行，保持重心微微向前，前脚掌着地，有利于迅速启动。

## 二、发球与接发球

（一）发球（Service）

比赛的每一分都从发球开始。

动作要领：（以右手发球为例）在底线后方，双腿前后站立，重心略微向前，身体侧对发球场地，右手持拍，左手持球。当左手把球放开的一瞬间，右手持拍从后下方挥拍至前上方。击球时球必须低于肚脐且拍面不高于手腕，球拍必须从下往上挥动，眼睛注视击球点，击球时拍面的角度会决定发球的方向和高度。

## （二）接发球（Return of Service）

动作要领：双腿左右站立，重心降低，双手持拍放于体前，两眼看准对方发球员的动作，提前预判来球方向，迅速对球进行回击。（图2-3）

可以选择将球高击过网，落点在对方球场的后三分之一区域；也可以采用强力抽球回击，在保证不下网的前提下，尽量贴近球网。落点尽量位于中线附近，或者对方球员反手位。

图2-3　正反手接发球

## 三、丁克球与截击球

### （一）丁克球（Dink Shot）

丁克球是匹克球特有的击球技术，是一个无法攻击的球。在赛

49

场上通常可用丁克球来制造攻击的机会。

动作要领：双手持拍放于体前，两眼目视前方，双腿微屈，重心放在前脚掌，看到来球，首先判定方向，脚下分腿垫步迅速调整，固定手腕，侧身将球轻挡回，保持球的飞行轨迹是一条抛物线，抛物线的最高点在本方场地离球网1.5个球拍的距离处，随后过网急坠，落点在对方 NVZ 区域内。（图2-4、图2-5）

图2-4　正手丁克球

图2-5　反手丁克球

## （二）平推截击球（Punch Volley）

在非截击线前，不等球落地，对来球进行直接击打，加快节奏，将对手压制在底线进行防守，在适当的时机击球得分的一种技术。

动作要领：

①网前截击球准备姿势：两脚自然开立约与肩同宽，重心放在前脚掌上，足跟提起，两手持拍置于胸前，拍头竖起在眼前，两肘离开身体，左肘高于右肘，上体微前倾，两眼注视来球，形成一个可向任何方向移动的待发状态。

②网前截击动作要领：手腕略竖起，拍头高于手腕。拍拉动作小，击球位置控制在眼睛斜前方，击球时以肘为轴，肩关节固定，随身体向前转动，锁住腕关节，使手掌、球拍和球在一条直线上。（图2-6、图2-7）

图2-6　正手平推截击

图2-7　反手平推截击

# 四、正手与反手击球

## (一) 正手底线抽球 (Forehand Stroke)

动作要领：(以右手握拍为例) 两脚左右开立，两膝微曲，重心放在脚尖上，上身稍向前倾，右手轻握球拍，左手扶住球拍，球拍置于肚脐与胸之间的高度。两眼目视前方观察来球，当球迎来时，迅速转体并调整位置，将击球点控制在身体右侧的侧前方，同时，右手向后拉拍到拍柄指向的来球场地，手腕固定，看准来球，在球落地后反弹起来的最高点击球，挥拍轨迹自右下方挥到左上方。(图2-8)

图2-8 正手底线抽球

## (二) 反手底线抽球 (Backhand Stroke)

动作要领：（以右手握拍为例）两脚左右开立，两膝微曲，重心放在脚尖上，上身稍向前倾，右手轻握球拍，左手扶住球拍，球拍置于肚脐与胸之间的高度。两眼目视前方观察来球，当球过来时，迅速转体并调整位置，将球控制在我们身体左侧的侧前方，同时，右手向后拉拍到拍柄指向的来球场地，手腕固定，看准来球，挥拍轨迹自左下方挥到右上方。（图 2-9）

图 2-9　反手底线抽球

## 五、第三拍短吊球（Third Shot Drop）

第三拍回球指的是发球员发球后，对方将球接回，接下来发球一方需要击打的回合。选手通常采用过网短球的技术，这个技术可以让发球方有机会前进到非截击线前，抵消对方在网前的优势。第三拍短吊球是匹克球较为关键的技术，回球技术的好坏是发球方变被动为主动态势的关键。

动作要领：双腿左右开立，重心降低，双手持拍放于体前，面对对方比较具有攻击力的回球时，提前预判球的位置，迅速启动并且拉好拍，到达击球位置后，保持拍面斜前方45°角，最佳击球高度为膝盖与大腿之间的高度，采用平稳钟摆式的挥拍将球挡回到对方的非截击区，想象球在本方非截击线上空时达到最高点，做到球过网急坠，高度低且离球网近。发球方有机会随球上网。（图2-10）

图 2-10　第三拍短吊球

## 六、高吊球与高压球

### （一）高吊球

动作要领：准备动作与正、反手底线抽球动作相同，在击球全过程，眼睛紧紧盯住球，在击球过程中手腕要紧固，握紧球拍击打球的后下部，挥拍轨迹由后下方向前上方挥出，击球点在身体的侧前方，身体重心放在后脚上，击球后随挥拍动作尽量远伸，球拍向着击球方向充分运送。（图 2-11）

图 2-11　高吊球

## （二）高压球

动作要领：当对方挑高球时，判断球大致的落点，并且立即侧身转体并用短促的脚步调整，同时持拍手上举至头部并向后引拍，非持拍手指向来球，眼睛紧紧盯住球，重心在两脚前脚掌上，后腿弯曲，随时准备扣杀。（图2-12）

图2-12　高压球

## 第二节　匹克球的基本战术

当学生基本掌握匹克球技术后，可以开始学习比赛的基本战术。在不断变化的比赛过程中，战术能发挥很大的作用。战术应基于球员所具备的击球技巧和防守的能力而采用。大多数情况下，初学者采取防守策略，高阶球员除了防守外，可以开始使用压制和攻击性的战略。

开始使用基本战术时必须遵循以下基本要求：

·回球的首要任务是每一球都应打过网。

·发球要长，要发到对方后场1/3。

·接发球要长，要回到对方后场 1/3。

·先上网（前进到 NVZ 线）的一方，可以更好掌控比赛节奏并得分。

·如果本方先上网而对方还在底线，击球时应采用长而深的截击，迫使对方停留在底线。

·短球打进非截击区是第三拍的首选。

·丁克球应该是打给对方绝大部分的球，培养在 NVZ 线上的持续性和耐性。

·尽可能调动对手，将球击向对方两人中间，或离他们站位较远的地方。

·如果对方回球反弹的高度低于球网，将球回击到对方的 NVZ。

·及时和同伴沟通，例如，"我的""出界"等。

·在随球前进方向移动时，要和同伴同进同出，两人之间始终保持 1.8 米的距离，这样场上不会有太大的空当区。

·通常来说，落点在两人中间的球应该让持正手拍的人去打，持正手拍的人可以超过中线 30~45 厘米击球。

## 一、单打战术要点

①接发球落点要深。
②尽量将回球落点控制在在两边边界处。
③寻找对手场上空位，回球回在空位处。
④打对方的底线反手位。

## 二、双打战术要点

### （一）抢网

双打最重要的战术就是先上网（NVZ 线），先上网的一方有 70% 的机率能赢得这一分。

①网前的一方在平面上拥有更大的击球角度，底线的球员可选择的击球角度更小。（图 2 – 13）

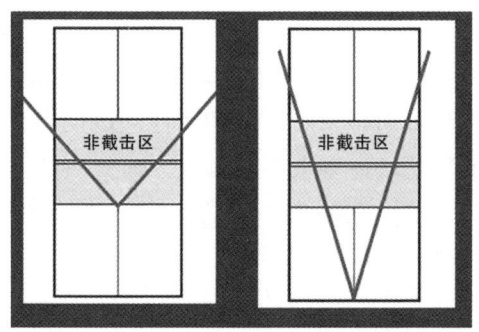

图 2 – 13　网前（左）和底线（右）的攻击角度对比

②网前的一方在垂直面上拥有更多的击球角度。（图 2 – 14）

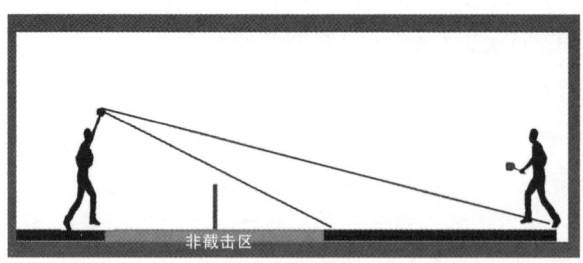

图 2 – 14　网前方拥有的垂直击球角度

## （二）接发球方的战术

接发球时，接发球员站在底线处接球，其同伴站在非截击线前（外）。

接发球员在底线接球后，必须在发球方击打第三拍之前，快速跑动到网前，与同伴一同站在非截击线前，封锁对方回球路线，形成进攻态势。

## （三）发球方的战术

由于双反弹原则，发球员发球后，发球方两人都必须站在底线处，随时准备球二次反弹后的第三拍击球。

第三拍回球打进对方非截击区的短球是第三拍的首选。（图2–15）

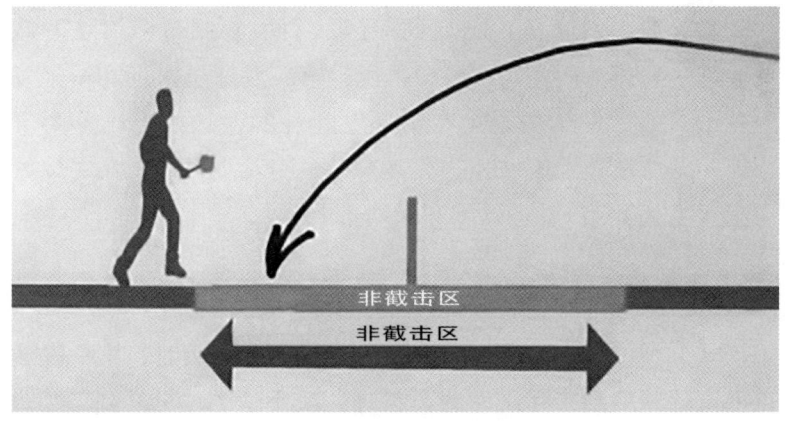

图2–15　第三拍短球的最佳落点

第三拍回球也可采用快速大力抽球的方式，让对方在网前占据优势地位的同时失误增加，从而赢得比分。

## （四）叠式站位（Stacking）

叠式站位（Stacking）在匹克球中是属于专业级运动员的双打比赛策略，其主要思想为擅长正手的队员防守正手位，擅长反手的队员防守反手位。由于发球方得分后发球方队友需互换位置继续发球，此时擅长正手位的选手就到了反手位，而叠式站位就是为了解决此问题而制定的策略。

叠式站位在实施过程中极易混淆，导致错误的队员在错误的位置发球或接球，从而失去球权或丢失分数，因此建议在学员熟练基础规则后学习。

### 1. 发球方的叠式站位

以第一发球员（位于场地右边的球员），比分为0-0-1为例，发球得分后，比分为1-0-1，第一发球员到二区（左边）发球，而其队友（第二发球员）不需到一区（右边）站位，第二发球员则站在第一发球员的左边。简单得说，第一发球员永远在第二发球员的右边，第二发球员永远在第一发球员的左边。当比分为奇数时，第一发球员在二区（左边）发球，比分为偶数时，第一发球员在一区（右边）发球。

### 2. 接球方的叠式站位

接球方站位与本方的分数有关，当得分为奇数时，第一发球员即正手位的球员到二区（左边）接球，反手位的球员站到二区非截击线旁的边线界外，待第一发球员接球后，立即回到一区正手位，反手位队员则直接进入非截击线前。当得分为偶数时，球员的站位与正常双打接发球站位一致。

## （五）回合战术

通常来说，每一回合的过程分为以下四个阶段：

### 1. 发球、接发球阶段

双方没有明显的优劣势，较少失误，也没有太多进攻机会。

### 2. 第三拍阶段

第三拍回球质量的好坏是发球方化被动为主动的关键。因为接发球方接球后，两名队员能迅速上网封锁，占据优势地位。如果发球方第三拍短球质量高，球过网急坠，则同样有机会迅速上网，那么，就与接发球方先上网的优势打平。

### 3. 丁克球阶段

当双方站位都上到网前时，必须进入耐心的、高质量的丁克球相持阶段。

### 4. 快速网前截击阶段

当一方回球出现高位时，则给对方提供截击进攻的机会，双方在网前进行快速截击球阶段。通常来说，首先采取进攻的一方获胜几率较大，因为对方防守回球质量偏低，很容易给进攻方二次进攻的机会。

# 第三节 匹克球比赛的规则

## 一、匹克球比赛场地设施

### (一) 球场规格

匹克球可以双打或单打,双打比较常见。

双打和单打所使用的场地规格一致,为长 13.41 米、宽 6.1 米的长方形。(图 2-16)

为方便场地外回球,场地尺寸应不少于 9.14 米宽和 18.28 米长,最好能达到 10.36 米宽和 19.5 米长。

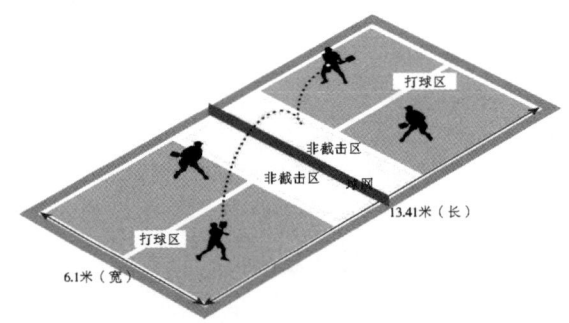

图 2-16 匹克球场地规格

### (二) 球网规格

球网尺寸:球网净长度应至少 6.1 米,净宽度应至少 0.8 米。

悬挂高度：球网应悬挂在球场中央，两侧的高度为0.914米，在球场中心处位置的高度为0.86米。（图2-17）

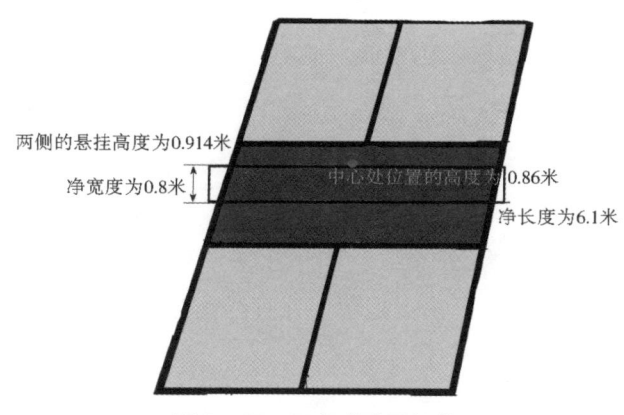

图2-17　匹克球球网规格

## （三）球拍和球

匹克球的球拍比乒乓球拍略大，由一开始的木质发展到现在的碳纤维、TPE等材质。匹克球是由塑料制成的空心球体，球身布满圆孔，分为室内球和室外球两种。（图2-18）

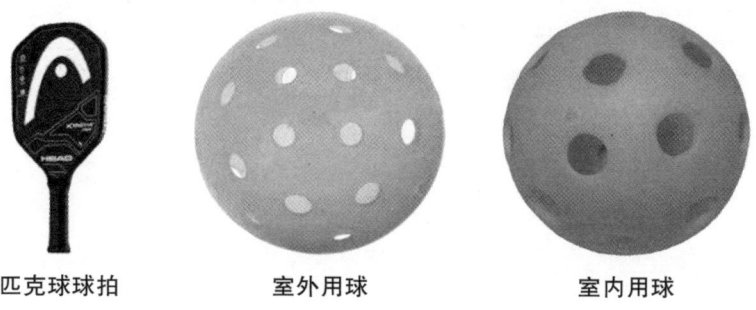

匹克球球拍　　　室外用球　　　室内用球

图2-18　匹克球拍、室外用和室内用匹克球

1. 室内球

材质：TPE 材料。
尺寸：$\phi$72.4mm。
孔洞数：26。
质地：偏软。
速度：中等。
重量：±23g。

室内球孔洞数为 26 个，它们相比于室外球具有更大的孔，更柔软，更轻。室内球更易于控制，并且往往会有更长的反弹时间。

2. 室外球

材质：TPE 材料。
尺寸：$\phi$72.4mm。
孔洞数：40。
质地：偏硬。
速度：快。
重量：±25g。

室外球更重、更硬且孔更小。它们的移动速度也比室内球快。它们具有厚壁结构，增加了耐用性，但由于其快节奏的特性而难以控制。而且，这些球的弹跳性比室内球略低。小孔可以使它们保持受控状态，并减少风和其他天气情况的影响。

## 二、匹克球比赛发球规则

### （一）发球

①发球必须以下投手势发球。
②球拍和球的接触点必须低于腰部（肚脐高度）。
③球必须在未落地前用球拍击出。
④发球是从底线后至少一英尺（约30厘米）处启动，击球前双脚不得踩底线或踏进球场。（图2-19）
⑤发球时必须以对角线发到对方半场的有效接球区。
⑥发球只有一次，除非是一个重发球（发球触网后弹入对方有效接球区，发球员重新发球）。

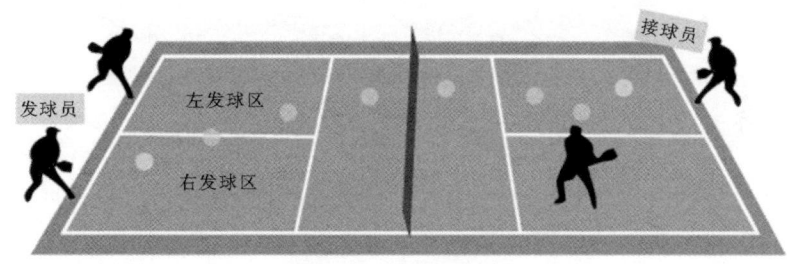

比赛开始时球员站位

图2-19 球员站位图

### （二）决定发球权

球员以抛硬币（猜正反面）来决定发球权，赢的一方可以选边，或选发球（或接发球）。

### (三) 压线球的判定

①发球时,除了非截击区线和非截击区两旁边线,压线算界内好球。

②发球时,压在非截击区线和非截击区两旁边线,算发球违例。(图2-20)

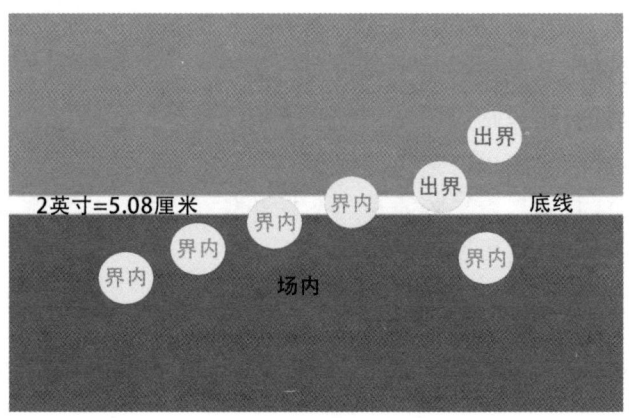

图2-20 压线球的判定

### (四) 单打发球顺序

①在每局比赛开始时,球员首先位于右侧开始发球。如果该球员一直保有发球权,则在得分后轮流在本方左右侧发球。

②球员在右边发球时,发球队的得分总和是偶数(0,2,4,6,8,10,……);球员在左边发球时,发球队的得分总和是奇数(1,3,5,7,9,……)。

## （五）双打发球顺序

①发球方的两名球员都有机会发球得分，直到发生违例为止（每场比赛的第一次发球除外）。

②每场比赛首先发球的一方，只有位于场地右边的球员拥有一次发球权，发生违例后，对方取得发球权。第二球开始，每队的两位球员将各自拥有一次发球机会，直至该队两次发球权都失误，换对方发球。

③换边发球时，无论比分多少，均由右边场地的队员先发。

④如果发球得分，发球员换到左边场地开球。

⑤如果继续得分，发球员重复左右场地开球，直到发生违例，失去第一个发球权为止。

⑥当第一位发球员失去发球权，他/她与同伴不交换位置，由其同伴接着从其所在的位置进行第二次发球（每场比赛的第一次发球除外）。

⑦第二位发球员继续发球，直到他/她或同伴发生违例，失去发球权，发球权转由对方取得。

⑧当发球权转由对方取得（换边发球）时，对方由右边场地开始发球，对方两名球员都有机会发球得分，直到发生两次违例为止。

⑨如果球是由错误球员或从错误的发球区域发出，算一次发球失误。

⑩接发球时，只有接球员才可以把球击回。接球员的队友，可以站在球场内外的任何地方。如果由其队友把球击回，那么发球队将得一分。

⑪当发球方得分时，接球队员不需要相互换位。只有当接球队取得发球资格并得分后，队员才可以交换位置。

⑫在比赛进行中双方对打时，双方球员均可以互换位置。当对打结束，球员们必须按照正确位置站位。

## （六）双反弹规则

①发球后，接球方须等球反弹后才能接球，回球后，发球方也须等球反弹后才能击球，这是匹克球特有的双反弹规则。

②当球在双方球场各弹一次后，双方都可以截击（在球没落地前击球），或等球落地后再击球。

③双反弹规则让发球方无法发球后上网截击，弱化了发球方的优势。

## 三、匹克球比赛得分规则

### （一）得分

①只有发球方才能得分。
②比赛通常打 11 分，须净胜 2 分。
③大型正式的比赛通常打 21 分或 15 分，须净胜 2 分。

### （二）报分

比分呼叫包含 3 个数字。正确的比分呼叫顺序为：发球队的分数 – 接球队的分数 – 发球员 1 或发球员 2（只限于双打）。例如，一场比赛开始前，比分呼叫是：0 – 0 – 2（0 比 0，第二次发球）。

## （三）非截击区

①非截击区是球网两边7英尺（约2.13米）内的区域。

②在非截击区内不能在空中截击球，这个规则让球员无法在非截击区内杀球。

③如果球员截击时踏入非截击区（包括非截击区线），或因击球惯性踏入非截击区（包括非截击区线）以及两旁边线，都算违例。

④截击后，即使已宣告为死球，击球员如果因击球惯性踏入非截击区或触及非截击区，仍然是一个违例。

⑤除了截击外，球员随时都可以进入非截击区。

⑥非截击区通常也叫"厨房"（Kitchen）。

## 四、匹克球比赛犯规规则

### （一）违例

①任何因违反规则使该回合终止的行为动作，都算违例。

②如果接球方出现违例，发球方得分。

③如果发球方出现违例，失去一次发球权（换第二位发球）或换边发球。

### （二）其他违例

①发球没有发到接球区内。

②发球或接发球时没有过网。

③球在两边球场各落地反弹一次之前进行凌空截击。
④击球出界。
⑤在非截击区使用截击。
⑥回球时球已弹跳两次。
⑦比赛进行中,球员身体,所穿衣物,或球拍触及球网和球柱。
⑧违反任何发球规定。
⑨比赛中,球击中球员身体、所穿衣物或随身携带物品。
⑩比赛中,球落到对方球场前,击中任何场内固定物(灯、天花板、墙体等)。
⑪在球越过球网平面前击球。

**参考文献**

[1] 还是一样的网——网球入门知识[EB/OL]. http://blog.sina.com.cn/s/blog_52529b9601013rzg.html.

[2] 朱宗海. 从《运动训练学》视角剖析"李娜现象"[J]. 湖北体育科技, 2015, 34(2): 111-113.

[3] 郭文鸿. "结构—定向"理论在青少儿网球双手反拍抽球技术教学中应用的实验研究[D]. 西安: 陕西师范大学, 2010.

[4] 王向东, 黄竹杭. 足球有球技术结构中概念的系统化研究[J]. 天津体育学院学报, 2006(5): 449-452.

[5] 李荣帅. 2013跆拳道世锦赛我国女子运动员和各级别冠军技战术对比分析[D]. 北京: 北京体育大学, 2016.

[6] 邓运龙. 认识运动项目本质的矛盾分析法与基本内容[J]. 沈阳体育学院学报, 2008(1): 66-70.

[7] 冯孟强. 越南健美操国家队混双项目备战2013年世运会训练过程研究[D]. 北京: 北京体育大学, 2017.

[8] 朱艳云. 广州高校拉丁舞技术双语教学模式的价值研究[D]. 广州: 广州体育学院, 2018.

［9］刘中正. 高中生网球截击技术教学要点分析及训练方法［J］. 广东教育：综合版，2019（6）：54-55.

［10］邵俊文. 普通高校网球教学方式及网球基础项目训练初探［J］. 体育世界：学术版，2010（9）：37-38.

［11］曲振. 2012年伦敦奥运会前后奥恰洛夫技战术特征的分析［D］. 北京：北京体育大学，2016.

［12］运动技术训练的基本要求［EB/OL］. http://blog.sina.com.cn/s/blog_ae6f02910101b8qe.html.

［13］徐军，周兰君，赵琳琳. 女子网球运动服压力舒适性的测量与分析［J］. 西安工程大学学报，2011，25（3）：309-315.

［14］刘浩. 竞技健美操体能训练理论与方法的研究［D］. 北京：北京体育大学，2010.

［15］2021 Offical Rulebook［EB/OL］. http://www.ifpickleball.org/2021-official-rulebook.

# 第三章　匹克球教学

## 第一节　匹克球的教学目标

义务教育阶段的匹克球教学课程的课程目标参照《体育与健康课程标准》（2011版）中的课程目标划分，分为运动参与、运动技能、身体健康、心理健康与社会适应四个方面。同时，根据学生的年龄、体能技能水平差异和自身兴趣爱好，将匹克球教学的课程目标分为基本目标和发展目标。

### 一、匹克球课程教学基本目标

匹克球课程的基本目标是对参与此项运动的大多数学生的基本要求。

#### （一）运动参与目标

积极参与匹克球运动，加强身体锻炼，体验匹克球运动带来的乐趣。

#### （二）运动技能目标

学习匹克球基本动作技能，锻炼移动素质，掌握基本挥拍及控球能力，了解匹克球运动安全常识和预防措施，安全进行匹克球运动。

### （三）身体健康目标

引导学生养成良好的运动习惯，塑造健康体魄和身体姿态，全面发展身体素质和体能，合理安排饮食，形成健康的生活方式，提高适应环境变化的能力。

### （四）心理健康与社会适应目标

能够通过匹克球运动获得身心愉悦感，培养自信心、不怕困难和坚强的意志品质，正确面对输赢，养成积极乐观的态度。在匹克球双打配合中，学会社会交往，形成良好的合作意识与能力。

## 二、匹克球课程教学发展目标

匹克球课程的发展目标是针对熟练掌握匹克球技战术、可以进一步提升运动等级的学生而制定，也可作为匹克球社团和校匹克球运动队队员们的发展目标。

### （一）运动参与目标

对匹克球产生极大的兴趣，作为体育锻炼的主要内容之一，形成常态化训练，能欣赏高水平的匹克球竞赛。

## （二）运动技能目标

提升控球能力和回球质量，熟练匹克球战术的运用，在临场能进行攻防转换，在竞赛中能采用正确的步伐迅速移动，能代表学校参加省、市、区等各类匹克球比赛。

## （三）身体健康目标

利用科学的方法全面提高力量、速度、耐力、灵敏、柔韧、协调等身体素质，能保证充足的营养和睡眠，养成良好的生活习惯。

## （四）心理健康与社会适应目标

通过熟练掌握匹克球技战术，积累一定的临场比赛经验，进一步提升自信心，形成独特的技术风格，克服心理障碍，强化合作意识与配合能力，遵守体育道德风尚，对事对物拥有持之以恒的信念。

# 第二节 匹克球的教学内容与教学方法

义务教育阶段匹克球课程的课程内容依据匹克球运动的技战术难易程度和学生的年龄、学习水平差异等因素分别制定各年级（水平段）的学习内容。

体育教学方法是在体育教学过程中，教师与学生为实现体育学习目标和完成体育教学任务而有计划地采用的、可以产生教与学相互作用的、具有技术性的教学活动的总称。主要包括教学策略、教学技术和教学手段三个层次。

匹克球的常用教学方法有：

①以语言传递信息为主的体育教学方法：讲解法、问答法、讨论法。

②以直接感知为主的体育教学方法：示范法、演示法、保护与帮助法。

③以身体练习为主的体育教学方法：分解练习法、完整练习法、循环练习法。

④以比赛活动为主的体育教学方法：游戏法、比赛法、情景法。

⑤以探究活动为主的体育教学方法：发现法、问题探究法、合作学习法。

在匹克球课堂教学中，教学方法要根据学习目标、教学内容、学生的运动基础等方面进行选择与合理运用。

## 一、水平一阶段（一、二年级）

### （一）教学内容

#### 1. 握拍

大陆式握拍法，"V"式握拍法。

#### 2. 准备姿势

膝腿腰的姿势，球拍位置，重心位置。

#### 3. 球性练习

抛接球；正手、反手、行进间颠球；抛球及停球。

4. 挥拍动作

原地、移动正反手挥拍练习；正手、反手击球。

5. 匹克球游戏

持拍托球接力赛跑（将球放在匹克球拍上面，控制好不让球掉下来，接力比赛开始，迅速托球加速跑）；颠球绕障碍物跑；颠球次数比赛；行进间拍球；徒手接球。

## （二）教学重难点和教法指导

### 1. 徒手抛接球

在初学匹克球时，徒手抛接球可以培养学生对匹克球的兴趣，使学生能够完成一些基本的球性练习，为之后的学习打下基础。

**（1）动作要领**

双腿微屈，重心略微向前，双手放于体前，眼睛盯住来球。（图3-1）

**（2）易犯错误**

学生容易在抛接球时出现接球不稳。

**（3）纠正方法**

提醒学生眼睛时刻盯准来球，随时准备接球。

图 3-1 徒手抛接球

（4）教法指导

①在持拍击球之前，进行徒手抛接球练习，可以更准确地判断球的落点，从而移动到位，在合适的位置用手接稳球，为今后准确的预判击球点做准备。

②在练习抛接球时，要求抛球方站稳，半蹲，随着身体重心的起落，在双脚蹬地的同时，用双手做一个从下往上的抛球动作，从而使球的飞行轨迹呈抛物线状。抛球时，以肩关节为轴心，手臂呈钟摆向前，在最高点将球抛出。

③要求接球方双脚分开站稳，做好准备姿势，重心下降，眼睛盯准来球，观察球落地后有无旋转，根据球的落地反弹轨迹，积极移动到位，在球的落地反弹下降期，用双手在身体前方接球。

2. 握拍

（1）动作要领

①大陆式握拍：握拍时拍面与地面垂直，大拇指与食指呈 V 字

形握在拍柄的中部。

②V式握拍：握拍角度和大陆式一致，区别在于食指非握紧拍柄，而是伸直紧贴拍面。

**（2）易犯错误**

学生握拍时手腕难以固定，拍面角度控制不那么准确。

**（3）纠正方法**

教师在巡回指导的过程中要及时提醒同学，改正握拍错误。

**（4）教法指导**

①教授大陆式握拍时，可以采用"握手"握拍法，即左手夹住拍面，使其与地面垂直，右手手掌张开，像与人握手一样握住拍柄。让学生用更直观的方法掌握大陆式握拍。

②"V"式握拍教学可以在大陆式握拍之后，与大陆式握拍方法相同，最后将握拍手的食指伸直，紧贴拍面即可。

③握拍是打好匹克球诸多环节中很重要的一环，对持拍手的握拍力度也有所要求。如果把握拍力度从松到紧比喻为0到10，那么，准备时为5，引拍时为7，击球时为10。一直握得很紧，击出的球没有力量；一直握得很松，击球时拍面容易晃动，控制不好球。要求在击球的瞬间，握紧球拍，使拍面对准想要的落点，身体重心跟上，这样击出的球才能又快又准又稳。

## 3. 正反手挥拍

**（1）动作要领**

重心降低，双眼盯住来球，将击球位置放在身体的侧前方。

### (2) 易犯错误

学生对击球的时机把握不当,容易出现过早、过晚击球,以及击球点位置的不正确。

### (3) 纠正方法

在练习时教师应多次强调击球位置,提醒学生注意力集中在击球点上。

### (4) 教法指导

①在练习正手挥拍时,可以采用分解练习法。数 1 时,侧身,非持拍手指向来球,持拍手向后小幅度引拍;数 2 时,眼睛盯准来球,蹬地转体转髋转肩,带动持拍手向前击球,在击球的瞬间保持拍面向前,击球点在身体的侧前方;数 3 时,击球结束,身体带动持拍手完成随挥动作,随即双手回到胸前,双脚回到初始平行站立姿势。一次完整的正手挥拍动作结束。

②练习反手挥拍时,同样可以采用分解练习法。数 1 时,侧身转肩,非持拍手辅助扶住球拍下方,持拍手向后小幅度引拍;数 2 时,眼睛盯准来球,蹬地转体转髋转肩,带动持拍手向前击球,在击球的瞬间保持拍面向前,击球点在身体的侧前方;数 3 时,击球结束,身体带动持拍手完成随挥动作,随即双手回到胸前,双脚回到初始平行站立姿势。一次完整的反手挥拍动作结束。

③练习完挥拍,固定好动作,就进入定点给球环节。学生站在底线后,教师站在学生侧前方,将球在击球点位置落地反弹,让学生做正手击球动作,体会在适宜的位置击球的感觉。定点给球最重要的教学任务就是稳固挥拍动作和寻找准确的击球点。

随着练习的增多,技术的熟练,教师对于击球和落点的控制要求从低到高:

a. 击到球；

b. 击球过网；

c. 击球过网，落点在界内；

d. 击球过网，落点在对方场地后 1/3 区域；

e. 击球过网，落点在对方后场左右角；

f. 击球过网，落点在非截击区 NVZ 内。

4. 正反手颠球

**（1）动作要领**

手腕固定，拍面始终保持与地面平行，眼睛看好击球位置。（图 3-2、图 3-3）

**（2）易犯错误**

学生容易出现手腕不固定，导致颠球不稳定。

**（3）纠正方法**

提醒学生固定手腕，保持拍面与地面平行。

图 3-2　正手颠球

图 3-3　反手颠球

**（4）教法指导**

①练习正反手颠球时，拍面向上，自然持拍于胸前，眼睛盯准球，尽量在拍面的上半区即"甜区"击球。击球时固定手腕，控制力度，根据球的落点随时移动脚步，以能连续颠球 30 个以上为优。

②原地颠球熟练后，可以采用行进间颠球以加大难度，在移动中颠球，对球的落点判断需要更加准确。关于颠球的方式，可以一直正手或一直反手，也可以正手反手交替颠球。

③颠球练习还可以结合停球来进行，将球垂直正上方击出后，用球拍将球稳稳地停在拍面上。反复多次，直到熟练。

**5．持拍托球接力赛**

**（1）动作要领**

手腕要固定，拍面要平稳；眼睛要盯球，重心稍前倾。（图 3-4）

**（2）易犯错误**

学生向前移动的过程中，球容易掉落。

### (3) 纠正方法

保持球拍的稳定，眼睛时刻看好球，随时准备调整球的位置，让球始终保持在球拍的中间。

图 3-4　特拍托球接力

### (4) 教法指导

①先练习原地持球，保持 30 秒以上球不落地为优。

②再采用行进间持球跑步，速度从慢到快，重心稍向前倾，眼睛盯住球。

③将学生分为若干组，持拍托球接力赛，游戏也是熟悉球性的重要一环。

### 6. 颠球绕障碍物跑

### (1) 动作要领

球不要颠太高，手脚要配合；人球要一体，移动要敏捷。（图 3-5）

### (2) 易犯错误

在移动过程中，学生容易出现手脚配合不到位，球在拍面上不稳定。

### (3) 纠正方法

学生可以由慢而快进行练习，固定好手腕，控制球拍的稳定。

图 3-5　颠球绕障碍物跑

### (4) 教法指导

①此项练习需要先进行颠球训练，熟悉球性达到一定程度后采用。

②行进间颠球绕障碍物跑步，控制好颠球高度，保持身体重心稍前倾，速度从慢到快，眼睛盯住球。

③将学生分为若干组，分组练习，多样性的练习方法可以全方位多角度训练学生本体感觉和球性。

## 二、水平二阶段（三、四年级）

### （一）教学内容

1. 基本步伐

分腿垫步；侧滑步移动；短距离、长距离移动；底线移动、非截击线前移动。

2. 丁克球

网前直线、网前斜线。

3. 击球点

在身体侧前方击球，眼睛盯准来球方向，球落地后在弹起的最高点进行钟摆式挥拍，将球击出。

4. 发球和接发球

尽量将球回到球场后三分之一区域。

5. 截击球

平推截击，控制拍面，避免挥拍动作过大，在身体前方击球。

6. 匹克球规则介绍

7. 教学比赛

网前丁克球比赛。

## （二）教学重难点和教法指导

### 1. 基本步法：垫步与交叉步

掌握正确的步伐能让我们以最短时间移动最大距离，是我们完成各种动作的基础，只有脚下到位了，才能打出高质量的回球，避免学生感到枯燥与厌烦，在练习步伐的同时可以结合一些简单的灵敏、协调性的训练，以提高学生的积极性。

**（1）动作要领**

①垫步：对方将击球时，本方队员做一个向上轻跳的分腿垫步，重心放在前脚掌，身体保持平衡，准备向任何方向移动。

②交叉步：通常在队员需要快速移动击球时，以及移动距离较大时采用交叉步。（图3-6）

图3-6　交叉步

**（2）易犯错误**

学生在做这两种步伐时，容易将整个脚掌都踩在地上，导致移动不够敏捷、迅速。

**（3）纠正方法**

教师发现这种情况，可以把学生叫出来单独指导，体会前脚掌着地的感觉。

**（4）教法指导**

①单纯的步伐练习是比较枯燥、乏味的，但是步伐又是我们最为重要的技术，因此在教学时，我们可以从易到难，循序渐进，让学生掌握正确的步伐，有利于学生在场上的移动以及在比赛中运用，让学生掌握技术的同时又能感受运动的乐趣，更好地把握技术动作要点。

②步伐练习可以与我们灵敏、协调性的训练相结合起来，因为灵敏、协调性训练大都是脚下的移动，而这正好与练习步伐的目的一样，都是为了学生更快地移动到最正确的位置，如开合跳、小步跑等。通过这些训练可以提高学生兴趣，培养学生自学自练的能力。

③学生在练习过程中，老师可以给学生提出一些问题，让学生带着问题去练习，收获可能会更大，比如，如何最快地移动到场地中央，后退时用什么步伐最合理等。使学生在解决问题中把握步伐练习时的动作技术。

④教学中教师要适当鼓励学生，培养学生的自信心，更要善于发现那些基础较为薄弱的学生，多加指导，发现进步要及时表扬，从而提高他们的自信心，让学生在之后的训练中更加努力。

## 2. 正反手丁克球（直线、斜线）

丁克球是我们在比赛中运用最广泛的一个技术动作，是一个落入对方的非截击区，无法攻击的球，往往我们在网前的得分，都是以丁克球作为铺垫得来的。丁克球的动作特点应该是一个轻柔、稳定的挥拍，相比于之前学习的动作技术，此技术有一定难度，在教学中应该注意动作的技术特点。

**（1）动作要领**

双腿微屈，重心稍前倾，当来球时，首先判断来球方向，脚下垫步迅速调整，固定手腕，侧身将球轻挡回，保持球的飞行轨迹是一条相对平缓的抛物线，且过网低、离网近。

**（2）易犯错误**

学生容易出现对击球力量控制不好，下网率高或者击球过深。

**（3）纠正方法**

可以让学生自己抛球，然后轻轻地将球打在对方的非截击区，控制力量，教师也应在巡回指导的过程中多次强调。

**（4）教法指导**

①在练习正反手丁克球时，首先要给学生灌输一个"轻"字，击球时一定要控制自己的力量，轻轻地将球打在对方的非截击区。

②两人一组，隔网面对面站立，进行徒手的抛接球练习，一人抛过去，另一人等球落地后，再将球接住抛回给搭档，抛过去的球尽量保持过网高度低并且落地的时候离球网近。

③当两人能熟练地做好徒手抛接球练习的时候，再进行一人持拍，一人徒手的练习，徒手的学生负责将球抛给对方，持拍的学生

面对来球，按照丁克球的动作要领，再将球打回给对方，5个回合后再交换球拍进行练习。

④学生在能较好地掌握丁克球之后，可以进行一些小游戏，比如，将学生分为两组，每组3人，面对面成纵队站好，以丁克球的方式击球给对方后，击球人迅速跑动到自己所在队伍的最后一个，然后下一个人迅速跟上做好接对方来球的准备，依次循环，完成20个回合。

⑤在练习过程中老师在旁边进行巡回指导，发现有错误的学生要主动进行纠正，要善于鼓励学生，培养学生主动学习、主动思考的好习惯，使学生更快地掌握好丁克球技术。

### 3. 发球

发球是比赛中运用最多的一个技术，是每一分的开始，是比赛能有效进行的开始，更是占据主动的开始，一个好的发球，可以直接拿下一分，因此在练习发球时我们可以循序渐进，由易到难，让学生了解发球动作要点，通过学习，在个人基础上提高发球的威胁性、命中率，以增强学生自信心。

(1) 动作要领

脚前后站立，身体侧对发球区，击球时，自下而上挥拍，并且球拍不超过手腕。

(2) 易犯错误

击球时手腕难以固定，击球瞬间球拍容易超过手腕

(3) 纠正方法

练习时教师应多次强调，提醒学生控制手腕和击球的高度。

### （4）教法指导

①在练习发球时，首先告诉学生控制好力量，不追求球的速度，应当先做到发过去、发进区为准，因为这样才可以使比赛继续下去，减少发球的失误，避免因为发球下网、出界而失分。

②当发球技术可以较好地掌握，基本上不会出现发球失误时，可以适当增加难度，安排学生加大力量或者同时增加一点发球的角度，将球发到接近底线，以提高发球的威胁性。

③发球可以与接发球相结合，增加一些练习的趣味性，如一人发球，一人在接发球，发球方可以提前告诉接发球方自己想发的区域（比如内角、外角、追身），从而检验自己发球的质量和训练的成果。

④教学中要给学生留有思考的余地，教师可先设置部分问题，让学生从练习中解决，比如发球时的用力顺序、发球时的飞行角度、发球时的拍面角度等，使学生在解决问题中掌握发球技术。

### 4. 接发球

接发球技术是匹克球运动中运用较广泛的一项技术，一个高质量的接发球可以占据主动，赢得此分。因此在教学时可以结合发球一起教学，避免学生感到枯燥乏味。在接发球的同时，注意回球角度以及落点，特别是比赛时，要培养学生的主动性。

### （1）动作要领

双腿微屈，重心降低，眼睛观察发球队员，球过来后，提前预判球的位置，拉拍迅速调整，到位后自下而上挥拍将球击出。

### （2）易犯错误

接发球时学生容易对击球点判断不好，导致回球不到位。

**(3) 纠正方法**

发球方可以适当减慢球速，让接发球方体会正确的击球点，教师再多加指导。

**(4) 教法指导**

①接发球时，要有预判或对方一发球就判断球的飞行轨迹积极移动，眼睛始终盯准来球，在击球前，向来球方向做 1～2 步的小碎步进行调整，移动到准确的位置。

②在练习接发球时，可以采用多球练习的方式，一人负责喂球，一人专门进行接发球。接发球时应该根据学生的接受能力，采用不同速度的喂球，使学生掌握这一技术。

③教学中要教与学并重，引导学生的思维。可事先设置一些问题让学生去发现和解决，如接发球是深好还是浅好，接发球给到对手反手好还是正手好，怎么样可以让对手大范围移动等，使学生带着问题去学习，在解决问题中掌握这一技术。

④在练习过程中，教师要善于发现优秀的学生，并且给予学生在全班同学面前展示的机会，使其在学生面前起到表率的作用。一方面，可以鼓励展示的学生；另一方面，也可以激励其余的学生向优秀的学生看齐，达到共同进步。

### 5. 截击球

截击球是我们在匹克球比赛中运用最多、最广泛的一项技术。一个优秀的截击球员，通常也能比较轻易地拿下比赛，因此在教学中为了学习好这一项技术，我们应当在训练中，循序渐进，由易到难，打好基础，才能为之后的学习提供足够的保障。

**(1) 动作要领**

重心降低，双腿屈膝，前脚掌着地，双手持拍立于体前，两眼时刻盯住来球，锁住手腕，拉拍动作小，对来球进行推挡。

**（2）易犯错误**

学生在截击时手腕容易松动，导致击球后球的方向控制不好。

**（3）纠正方法**

提醒学生固定手腕，整个手臂往前推送。

**（4）教法指导**

①在进行截击球教学时，首先应当把这个截击动作固定，可以采用两人一组，一人在网前做好截击的准备动作，另一人负责用手抛球给网前的搭档，网前的人按照截击的要求将球推挡给抛球的搭档。

②在基本可以掌握截击这一动作的时候，可以采用合作的方式，两人一组隔网相对，进行截击球的辅助练习。一人将球打回给对方，对方有控制地使球在自己球拍上弹一下后，再将球打回去，依次循环。

③在学生都可以熟练地掌握截击球技术后，可以尝试往更高的一个层面发展，提出一些比较有难度的问题，比如，如何可以大角度的截击，怎么样截击可以将球卸力等，使学生在训练中慢慢去体会，在练习中带着问题去思考，力求往更高的一个层面发展。

④教学中，在学生动作出现错误时，要引导学生自己发现问题，必要时可提醒他们观察正确动作和与自己的错误动作对比，从而启发学生，培养学生独立思考的能力，又可以保持正常的教学效率。

# 三、水平三阶段（五、六年级）

## （一）教学内容

### 1. 第三拍短球

第三拍短球动作和丁克球一致，区别是回球距离更远，抛物线最高点在本方非截击线上，球落地后保持球离网近且低。

### 2. 高吊球

高吊球可迫使对方退到后场进入防守位置，本方在非截击线前占据进攻位置。

### 3. 高压球

眼睛注视来球，正确判断来球方向和位置，侧身，主动调整自己的站位，碎步移动到击球位置，尽量在最高点击球，在头顶上方进行扣腕击球。

### 4. 战术

双打配合站位；尽可能先上网，占据主动位置；叠位发球。

### 5. 匹克球裁判法学习

### 6. 教学比赛

半场、全场单打比赛；双打比赛；分队伍小组循环赛。

### 7. 匹克球比赛欣赏

## （二）教学重难点和教法指导

### 1. 第三拍短球

第三拍短球是我们在匹克球比赛中运用最多的技术，很多时候对于第三拍球处理的好与坏，都决定了这一分的走势。该技术特点与丁克球有点相似，但是训练起来确实相对丁克球要难，因此在教学时首先要让学生清楚明白这一技术特点，且教师要多加指导，不可急功近利。

**（1）动作要领**

球过网急坠，高度低且离球网近，对击球点的判断以及力量大小的控制。

**（2）易犯错误**

学生在练习的时候容易将球打得太高，并且打得深。

**（3）纠正方法**

提醒学生控制拍面以及把握力度。

**（4）教法指导**

①在进行第三拍短球教学时，可用手抛球到指定区域的方式解决学生对第三拍短球这个力量控制的问题，在基本都能完成这个练习后，学生可以自己抛球，然后用球拍将球控制在指定的区域内。

②当第三拍短球基本动作掌握后，可结合各种要求的游戏进行练习，如 1 分钟内第三拍短球打进有效区域的个数游戏，接对方来球后将球打进有效区域的个数游戏等，直至在比赛中运用此项技

术。通过这种游戏可以提高学生学习积极性,在游戏中发展运用技术能力,通过游戏培养学生的自学能力。

③在教学中,教师要多加指导,巡视过程中看到优秀的学生要给予表扬,看到动作错误的学生要及时纠正,并且更多地去关注他们,当他们有进步时,更应及时给予表扬,培养他们的自信心,为他们创造机会积极地去尝试、探索,从而提高学生对运动的兴趣。

### 2. 高吊球

高吊球是匹克球比赛中运用较广泛的一项技术。高吊球一般分为两种,一种是主动高吊球,目的是给本方创造进攻的机会;另一种是被动高吊球,往往是被对手压迫后,打一个高吊球,可以给自己留出回位的时间,让自己能回到正确的击球位置。因此在练习高吊球时,可以结合实际进行练习,由浅入深,循序渐进,使学生更快掌握这一技术动作。

**(1) 动作要领**

双腿微屈,击打球后下方,击球后,身体重心放在后脚。

**(2) 易犯错误**

学生往往在练习时,高吊球只有高度,没有深度。

**(3) 纠正方法**

提醒学生击打球的后下方,击球后拍往远处延伸。

**(4) 教法指导**

①在进行高吊球教学时,可以与高吊球游戏相结合,比如,挑球比深游戏、挑球比高游戏等,在考虑教学步骤时,可在示范讲解和简单练习后就进行高吊球游戏,在游戏中体会动作要点,并提出

一些问题让学生思考，如什么时候应该打高吊球？高吊球打在场上哪个位置最合适？结合游戏中出现的问题，提出要求后，再让学生进行高吊球练习。学用结合，反复进行，不断提高，从技术的掌握逐步走向技术的运用过渡。

②在进行高吊球教学时，可采用分组教学的方式，将学生分为两人一组，一人在网前手抛球，一人则在底线进行高吊球的练习，待学生可以较好地掌握高吊球的时候，可以增加练习的难度，在打高吊球时，网前可以安排一人进行拦截，教师提出要求，要求学生打出的高吊球需要越过网前的搭档，不能轻易地被拦截到。从而可以提高学生的心理素质，使学生在正式比赛将此技术更加自如地运用。

③在教学中应该注意培养学生负责任的态度，要鼓励学生表现自己，不能随意地将球回过去，每个球都应该尽力打好，给自己和同伴创造得分的机会。

④高吊球教学时应该要培养和发展学生的视野，要引导学生掌握正确的思路，不能只掌握技术，而不清楚在比赛中如何运用。一般来说高吊球都是尽量的回给对手的反手位置，将球高吊过离球网最近的对手。

### 3. 高压球

高压球是匹克球比赛中运用较多的一项技术，高压球不但球速快而且力量大，抓住高压球的机会，不仅可以轻松拿下此分，而且能给予对手压迫感，不敢轻易打高吊球。因此，通过练习，学生可以提高高压球的命中率。

（1）动作要领

眼睛盯住来球，双脚迅速调整，侧对来球，持拍手上举至头部位向后引拍，非持拍手指着来球，准备扣杀。

### （2）易犯错误

学生容易找不准球拍和球最佳的接触点，导致高压球质量不高。

### （3）纠正方法

学生可以先在原地做无球挥拍练习，每次在最佳的击球位置时停顿一下，加深学生对击球位置的印象。

### （4）教法指导

①在进行高压球教学时可以先结合无球的练习，学生在原地进行高压球的挥拍，待动作较为熟练后，可以结合有球练习，一人在底线抛球，一人用手接住球，体会身体与球的位置关系。

②徒手击球练习：将接球改为击球，击球后手臂自然挥下，做出高压球的完整动作，在基本做好徒手练习后，可以将球拍的长度加入击球点的位置中来，就好比用延长的手臂击球一样，从而体会击球点的准确位置。

③完整动作击球练习：通过以上几个练习的积累，做完整的击球练习。从准备动作开始，身体侧转，体会球拍后摆的幅度、脚步移动的变化，确定的击球点，完整的随挥动作。

④教师在安排练习的时候，可以设置一些问题，比如，"高压球怎么样打出斜线？""高压球是不是只是大力击球？"，让学生带着问题去练习，在思考中进步，在解决问题中掌握技术，同时培养学生独立思考、克服困难的优秀品质。

### 4. 双打配合站位

双打是匹克球比赛中最为常见，也是最多的一种形式。因为球场上不是一个人在打球了，因此在比赛中我们经常要考虑到搭档，跟搭档的分工要明确。在处理回球的时候要小心翼翼，不能单纯把球回过去给对方，导致对手轻易得分，在自己没有好的机会得分的情况下，我们要努力打好自己的球，争取给自己的搭档创造得分的机会，从而赢下比赛。(图3-7)

图3-7　发球前双打站位

**(1) 战术要点**

分工明确，要有补位意识，能清楚地明白自己在场上应该做什么，思路要清晰，个人的准备姿势、步伐要正确。

**(2) 易犯错误**

经常容易出现补位不及时，打球的线路不清晰。

**(3) 纠正方法**

搭档之间应该加强沟通，要及时表达自己的想法，每个球应该怎么打，并且在打球过程中要果断。

**(4) 教法指导**

①双打比赛是在发挥个人单打技术的基础上，互相配合进行的；双打的特点是网前的争夺战，谁控制了网前的制高点谁就有更多的进攻得分机会。

②成功的双打比赛配对常常是由个性截然不同但又互为补充的选手组成的，这种个性的差别常常是配对的长处，并非短处。

③双打是以单打技术为基础的，但又不完全是两名球员单打技术的相加之和。双打使用频率较多的、较重要的技术为发球、接发球、第三球短吊球、网前截击、丁克球技术等。

④双打战术与单打战术不同，它形成了另一种战术体系。两者战术区别主要在击球的路线落点、战术的特点与分类、击球方式、发球方制胜分。

⑤双打战术的特点是"以攻为主、快速灵活、积极抢网、默契配合、战术多变、狠巧结合"。

⑥发球方在前3拍一般采用双底线站位，而后再逐步过渡到网前，从而形成双上网战术。双上网战术是匹克球中运用最广泛、最积极、最为主动的战术。

⑦双打场上四位球员中每一位都有各自的任务和职责，从而每个球员的站位、击球方式和移动都不相同。因此我们在场上打球时候，思路一定要清晰，不可急于求成。

## 参考文献

[1] 体育教材 [EB/OL]. https://www.docin.com/p-286368122.html.

[2] 第八章 篮球 [EB/OL]. http://blog.sina.com.cn/s/blog_6dd23d990100m0sh.html.

[3] 女子篮球校本教材 [EB/OL]. https://wenku.baidu.com/view/55d55f13998fcc22bdd10df5.html.

[4] 中学篮球校本课程 [EB/OL]. https://wenku.baidu.com/view/fe199966a200a6c30c22590102020740be1ecdbd.html.

[5] 初级中学篮球校本课程 [EB/OL]. https://wenku.baidu.com/view/b37662a04b7302768e9951e79b89680202d86b7e.html.

[6] 小学篮球校本教材 [EB/OL]. https://www.docin.com/p-408054363.html.

[7] 北滘中学篮球校本教材 [EB/OL]. https://www.docin.com/p-11467678.html.

[8] 中学篮球校本课程教材 [EB/OL]. https://wenku.baidu.com/view/e-641d4166d175f0e7cd184254b35eefdc8d31582.html.

[9] 篮球校本教材 [EB/OL]. https://wenku.baidu.com/view/67ecd4f59e314332396893a4.html.

[10] 胡杜娟. 优化教学在普通高校网球选项课实施研究 [J]. 科技视界, 2012 (5): 103-104, 100.

[11] 郭金杰. 信息技术和体育与健康课程整合 [J]. 内蒙古教育, 2012 (10): 55-56.

[12] 刘福忠. 新课标下体育教学的粗浅体会 [J]. 新课程（中学）, 2010 (12): 24-25.

[13] 李双双. 沈阳市皇姑区泰山路小学校武术特色研究 [D]. 沈阳：沈阳师范大学, 2018.

[14] 付建强. "健康促进工程"视野下上海市高校公共体育教学模式研究 [D]. 上海：上海体育学院, 2013.

[15] 学校体育学 [EB/OL]. https://wenku.baidu.com/view/0d556b02eff9aef8941e0663.html.

# 第三节　匹克球的课程评价体系

课程评价是匹克球教学体系的重要组成部分，其目的是检验学生的学习过程是否合格、是否达到课程的基本要求，也能对匹克球教学的整体情况进行诊断，辅助师生改进教学的方法和手段，努力提高教学质量。课程评价对课程的实施起着重要的导向作用，开放、激励、多边、互动、动态、差异、多元、情境的校本课程评价可以充分调动学生学习的积极性、提升教师教学能力及完善课程建设。

课程评价的根本目的在于促进学生的健康发展，通过评价达到激励的目的。体育教学评价应遵循的原则有客观性原则、整体性原则、指导性原则、科学性原则、公平性原则。

根据义务教育阶段匹克球校本课程学习目标的基本要求,结合教学实际,对学生学习评价主要采用定量评价(等级制评价)的方法,对教师教学评价和课程建设评价主要采用定性评价的方式。

## 一、学生学习评价

学生学习的评价主要是针对学生匹克球课程的学习进程、学习效果所做的一种评价,既包括学习进程的诊断判断,又包括学习结果的评定。通过学生学习评价,能使教师对学生完成教学任务的情况加以掌握,进而为教学提供反馈信息及改进依据。

### (一)学习评价方法

#### 1. 学生自我评价

学生对自己的学习态度、情意表现与合作精神、健康行为等进行评价。

#### 2. 学生组内互评

学生对组内其他成员的学习态度、情意表现与合作精神、健康行为等进行评价。

#### 3. 教师评价

教师依据学生的学习目标达成度、行为表现和进步幅度等,参照学生的自我评价和相互评价的情况,对学生学习态度、情意表现与合作精神、健康行为等进行综合评价。(表3-1)

表 3-1　学生学习过程评价

| 评价方式 | 学生自我评价 | 学生相互评价 | 教师评价 |
| --- | --- | --- | --- |
| 评价内容 | 自我学习目标、参与程度，拼搏精神和学习效果 | 同伴的学习目标，参与程度，拼搏精神和学习效果 | 学生学习目标，参与程度，拼搏精神和学习效果 |
| 评价方法 | 自省、自评 | 互评、互议、学习同伴优点，指出同伴不足 | 表扬、批评、激发观察 |
| 评价手段 | 成绩前后对比，各种行为规范意识 | 观察、学习、互动、讨论 | 口头说明、手势、眼神、问卷、技能测验 |

学习效果评价运用于学习过程或某项教学内容学习结束时。体能评价以定量为主，技能评价采用定性与定量评价相结合的方法。评价主要由教师进行，内容包括运动技能、运动参与、身体健康、心理健康与社会适应，评价结果采用 5 分制。（表 3-2）

表 3-2　学习效果评价

| 考核内容 | 分值 | 评定指标 | 评定方式 |
| --- | --- | --- | --- |
| 运动技能 | 2 | 特长、技能、基础知识 | 以定量为主的测试 |
| 运动参与 | 1 | 态度积极、爱好、出勤率 | 定量与定性相结合 |
| 身体健康 | 1 | 学生体质健康标准 | 以定量为主的测试 |
| 心理健康与社会适应 | 1 | 开朗的性格、和谐的人际关系 | 以定性为主的自测与互评 |

## （二）学习评价要点

### 1. 水平一阶段评价表（表3-3）

表3-3　匹克球课程评价表（水平一）

| 水平 | 项目 | 优秀 | 良好 | 合格 | 继续努力 |
|---|---|---|---|---|---|
| 水平一 | 正手颠球 | 连续颠球20次以上 | 连续颠球15次以上 | 连续颠球10次 | 连续颠球5次 |
| | 反手颠球 | 连续颠球20次以上 | 连续颠球15次以上 | 连续颠球10次 | 连续颠球5次 |
| | 抛接球 | 连续5个球，向上击出后平稳落于拍面上，不落地 | 5个球中有3个，向上击出后平稳落于拍面上，不落地 | 5个球中有1个，向上击出后平稳落于拍面上，不落地 | 5个球均未能向上击出后，平稳落于拍面上，不落地 |
| | 学习态度和出勤 | 主动学习，遵守纪律，出勤率高 | 主动学习，较遵守纪律，出勤率较好 | 偶尔主动学习，出勤率中等 | 被动学习，不遵守纪律，出勤率低 |
| | 情意表现与合作精神 | 会学、会练，助人为乐，互相帮助 | 会学、会练，能互相帮助 | 会学、会练，偶尔互相帮助 | 不太会学、会练，偶尔互相帮助 |

### 2. 水平二评价表（表3-4）

表3-4　匹克球课程评价表（水平二）

| 水平 | 项目 | 优秀 | 良好 | 合格 | 继续努力 |
|---|---|---|---|---|---|
| 水平二 | 丁克球 | 连续20个球，落点在对方NVZ区域 | 连续15个球，落点在对方NVZ区域 | 连续10个球，落点在对方NVZ区域 | 连续5个球，落点在对方NVZ区域 |

（续表）

| 水平 | 项目 | 优秀 | 良好 | 合格 | 继续努力 |
|---|---|---|---|---|---|
| 水平二 | 发球 | 一区发5个，二区发5个，10个球中有8个发到对方对角线发球区 | 一区发5个，二区发5个，10个球中有5个发到对方对角线发球区 | 一区发5个，二区发5个，10个球中有3个发到对方对角线发球区 | 一区发5个，二区发5个，10个球中有1个发到对方对角线发球区 |
| | 接发球 | 一区接5个，二区接5个，10个球中有8个，回到对方场地 | 一区接5个，二区接5个，10个球中有5个，回到对方场地 | 一区接5个，二区接5个，10个球中有3个，回到对方场地 | 一区接5个，二区接5个，10个球中有1个，回到对方场地 |
| | 截击球 | 双方在网前NVZ线外，连续击打10个来回截击球 | 双方在网前NVZ线外，连续击打6个来回截击球 | 双方在网前NVZ线外，连续击打3个来回截击球 | 双方在网前NVZ线外，连续击打1个来回截击球 |
| | 学习态度和出勤 | 主动学习，遵守纪律，出勤率高 | 主动学习，较遵守纪律，出勤率较好 | 偶尔主动学习，出勤率中等 | 被动学习，不遵守纪律，出勤率低 |
| | 情意表现与合作精神 | 会学、会练，助人为乐，互相帮助 | 会学、会练，能互相帮助 | 会学、会练，偶尔互相帮助 | 不太会学、会练，偶尔互相帮助 |

## 3. 水平三评价表（表3-5）

表3-5 匹克球课程评价表（水平三）

| 水平 | 项目 | 优秀 | 良好 | 合格 | 继续努力 |
|---|---|---|---|---|---|
| 水平三 | 第三拍短球 | 站在底线处，10个球中有7个，落点在对方NVZ区域 | 站在底线处，10个球中有5个，落点在对方NVZ区域 | 站在底线处，10个球中有3个，落点在对方NVZ区域 | 站在底线处，10个球中有1个，落点在对方NVZ区域 |
| | 高吊球 | 在NVZ线处起高吊球，5个直线5个斜线，10个球有7个落点在对方场地后1/3区域 | 在NVZ线处起高吊球，5个直线5个斜线，10个球有5个落点在对方场地后1/3区域 | 在NVZ线处起高吊球，5个直线5个斜线，10个球有3个落点在对方场地后1/3区域 | 在NVZ线处起高吊球，5个直线5个斜线，10个球有1个落点在对方场地后1/3区域 |
| | 高压球 | 起10个高球，7个高压球落点在对方场内 | 起10个高球，5个高压球落点在对方场内 | 起10个高球，3个高压球落点在对方场内 | 起10个高球，1个高压球落点在对方场内 |
| | 学习态度和出勤 | 主动学习，遵守纪律，出勤率高 | 主动学习，较遵守纪律，出勤率较好 | 偶尔主动学习，出勤率中等 | 被动学习，不遵守纪律，出勤率低 |
| | 情意表现与合作精神 | 会学、会练，助人为乐，互相帮助 | 会学、会练，能互相帮助 | 会学、会练，偶尔互相帮助 | 不太会学、会练，偶尔互相帮助 |

# 二、教师教学评价

教学是实施匹克球校本课程的主要途径，良好的教学理论、丰富的教学经验都必须在课堂中得以体现和验证。

教师教学评价是运用恰当的评价理论和方法对教师进行匹克球

教学活动和效果评价，是提高教学质量的重要手段。教师教学评价的目的是客观、公正、可靠地评定教师教学过程的质量和效果，发现教学活动中的优点和不足，提供具体的反馈信息，进而更好地改进教学工作，促进教师专业能力和教学水平的不断提高。（表3-6）

## （一）评价方法

学校教务处通过听课、查阅教学文件、公开课等形式，采用教师自我评价、同行评价、专家评价、学生评价和学生成绩分析等多种方式对教师教学进行评价，计入教师业务档案。

## （二）评价内容

### 1. 教学理念与教学目标

正确理解匹克球校本课程的教学理念，体现"健康第一"的指导思想。教学目标明确、具体、合理、可行，坚持全面发展学生运动技能、身体素质、心理健康和社会适应能力。

### 2. 教学内容

教师能按照水平目标的要求，选择符合学生实际的教学内容。一堂课突出一至两个重点内容，合理安排好运动负荷，激发学生的学习兴趣，较好地完成教学目标。

### 3. 教学方法

教师要灵活运用多种教学方法，精讲多练，综合运用讲解法、示范法、练习法，不断提升教学质量。

### 4. 教学组织

教学结构、环节的安排清晰合理、新颖有效。教学组织主次分明，各环节衔接自然流畅，充分体现教师的主导作用。

### 5. 课堂气氛

师生关系融洽，课堂气氛活跃，学生主动参与程度较高。课堂学习的自主性、合作性和探究性充分体现，从而更好地掌握匹克球知识与技能。

### 6. 教师综合素养

教师的仪表、教态、语言组织恰到好处，体现较高的修养与人格魅力，具备较强的匹克球技能基本功、教学组织形式运用恰当。

### 7. 教师自我反思

教师能客观的对执教进行自我反思，不断完善自我教学素养和教学方法等，有利于对匹克球课程进行完善与发展。

表 3-6　匹克球校本课程课堂教学质量评价表

| 评价类别 | 评价要点 | 等级分数 A | 等级分数 B | 等级分数 C | 量化加权 |
|---|---|---|---|---|---|
| 教学目标 | 教学目标要体现"健康第一"的指导思想。既有运动技能、身体素质和能力目标，又要全面发展心理健康和社会适应能力 | 3 | 2 | 1 | 0.1 |
| | 注重创新，实践能力和身心素质的培养 | 4 | 3 | 2 | |
| | 教学目标贯穿于教学各个环节，教学设计能够符合素质教育的要求 | 3 | 2 | 1 | |

（续表）

| 评价类别 | 评价要点 | 等级分数 A | 等级分数 B | 等级分数 C | 量化加权 |
|---|---|---|---|---|---|
| 教学实施 | 师生关系和谐，教学方法灵活，教学方式和手段多样化，课堂学习体现学生学习自主性、合作性和探究性 | 8 | 6 | 4 | 0.5 |
| | 针对存在问题提出解决办法，教学内容符合学生认知规律，安全措施得当 | 8 | 6 | 4 | |
| | 及时指导、示范，激发学生思维，行为能力培养方法科学有效 | 10 | 8 | 6 | |
| | 根据课程内容为学生提供充分的观察、活动、讨论与独立思考的环节。给学生充分的自主学习展示、合作交流的时间和空间 | 8 | 6 | 4 | |
| | 教学层次分明，思路清晰，时间分配合理，各部分衔接自如 | 8 | 6 | 4 | |
| | 针对课堂学习兴趣、接受能力和表现实时作出评价，能有效开展自评和互评，激发学生对体育活动的参与意识，树立信心 | 8 | 6 | 4 | |
| 教学效果 | 能体现全面发展的原则，教法适合学生认知水平、符合学生身心发育特点，教学效果科学高效 | 10 | 7 | 4 | 0.2 |
| | 学生能自主投入，练习热情高，课堂气氛活跃，参与意识强。能较好的完成教学内容 | 10 | 7 | 4 | |
| 基本技能 | 课堂讲解语言精练、流畅、生动、富有感染力，具有启发性。教态自然、大方、得体，举止文明、健康 | 10 | 8 | 6 | 0.2 |
| | 在教学中善于发现问题，应变能力强，善于调控课堂气氛。能正确、合理运用现代教学手段，操作规范 | 10 | 8 | 6 | |

## 三、课程建设评价

课程建设评价是指对匹克球校本课程的实际执行情况和实施效果进行监督和课程质量测评,及时发现课程及实施过程中存在的问题和不足,适时适度调整课程内容,改进教学和管理,促进匹克球课程的不断完善和发展。

### (一) 匹克球课程评价方法

①匹克球课程开发的意义评价。
②匹克球课程目标与课程计划的评价。
③匹克球课程先期投入与师资储备评价。
④匹克球课程实施效果的评价。

### (二) 匹克球课程评价要点

①课程设计的先进性,开设匹克球课程的意义。
②教材的科学实用性,教师、学生对教材编写、应用的反馈。
③课程实施的保障情况,如教师的知识技能储备、场地、经费等。
④课程实施效果和课程目标的达成程度。
⑤课程持续性发展的反思。

**参考文献**

[1] 小学篮球校本教材 [EB/OL]. https://wenku.baidu.com/view/58849287f08583d049649b6648d7c1c709a10b18.html.

[2] 校本篮球教材 2016 [EB/OL]. http://www.doc88.com/p-111693518

1688. html.

［3］体育与健康［EB/OL］. https://wenku. baidu. com/view/5b2d953543323968011c92da. html.

［4］杜峰. 武汉市体育新课程标准实验区田径课教学现状与发展对策研究［D］. 武汉：武汉体育学院，2008.

［5］陈露. 中学生体育与健康课程评价方法、内容、标准的分析研究［J］. 科技信息，2012（1）：410－411.

［6］樊向前，戴阿华，柳荣夫. 高中体育与健康课学生学习态度、情意表现与合作精神以及健康行为的评价方案［J］. 体育教学，2004（3）：9－10.

［7］周亦瑾. 试论体育与健康课程评价标准［J］. 彭城职业大学学报，2004（6）：95－97.

［8］王玮. 北京市门头沟区初中体育与健康课程标准实施现状调查与对策研究［D］. 北京：首都体育学院，2011.

［9］蒋毅. 对中学体育课堂教学评价的思考［J］. 课程教育研究，2014（3）：255－256.

［10］郭青甜. 体育教学活动评价体系的构建［J］. 教育科研论坛，2007（7）：36.

［11］刘驰. 初中生体育学习的评价机制研究［J］. 体育风尚，2017（10）：166.

［12］河北省普通高中《体育与健康》课程实施指导意见［EB/OL］. https://wenku. baidu. com/view/be6a1d1aa8114431b90dd862. html.

［13］孟召珍，李怀勇. 动态考核、"绿色"评价在初中道德与法治教学中的运用［J］. 山东教育，2020（35）：20－21.

［14］刘志红. 学校体育教学评价体系构建与可操作性研究［D］. 石家庄：河北师范大学，2007.

［15］伍桂莉. 对评价体育教师课堂教学效果的思考［J］. 武魂，2013（5）：109.

［16］刘佳佳. 江东区小学体育拓展课程体系的实践研究［D］. 宁波：宁波大学，2017.

［17］黄丽云. 初中体育教学之学生"主动参与"问题探讨［J］. 读写

算,2018(16):63.

[18] 常会丽.学校素质拓展训练课程评价方式初探[J].中国成人教育,2011(2):137-139.

[19] 郭晓培.世界优秀羽毛球女子双打运动员技战术运用特征的分析研究[D].北京:北京体育大学,2012.

# 第四章　匹克球身体素质训练

## 第一节　匹克球身体素质训练的原则

### 一、匹克球身体素质训练应遵循的一般原则

匹克球身体素质的一般原则是人们对身体素质客观规律的认识与反映，是身体素质训练实践普遍规律和基本经验的概括与总结。具体来说，主要应坚持以下几个原则。

1. 从实际出发原则

从实际出发的原则是指训练应从学生的实际情况出发，在身体素质训练的安排上，要因人、因项、因时不同，确定训练目的，选择适宜的训练方法和手段，合理地安排运动时间和运动负荷。从实际出发原则要求身体素质训练要有针对性，要紧紧围绕提高专项成绩和技术水平这一最终目标进行，使学生的身体素质得到平衡发展，以适应提高运动技术水平的要求。

2. 全面锻炼原则

全面锻炼原则是指通过体育训练，改善身体形态、机能，提高身体素质，促进人体的全面发展。

全面锻炼原则的主要依据有以下三点。首先，全面发展的运动

素质和全面提高的身体机能能力是达到高水平专项运动技术水平的基本前提和基础。其次，人体各器官系统之间是相互依赖、相互依存的。发展运动素质要求人体若干系统同时介入，因此在训练初期，必须采用正确的全面发展运动素质的方法，使人的身体素质得到高水平的全面发展。最后，必须在早期训练阶段全面提高运动素质，才能取得高水平的运动成绩。

### 3. 循序渐进原则

循序渐进原则主要是指在安排锻炼内容、难度、时间及负荷等方面要有计划、有步骤地逐步提高要求。增强体质的过程是有序的、逐步的，因为人体生理机能对外界环境的变化，有一个逐步适应的过程，这个过程就是人体的能力适应各种环境变化的提高过程。

### 4. 适宜负荷原则

负荷一般包括负荷量与负荷强度。负荷量往往以练习的次数、时间、距离、重量来表示；负荷强度往往以练习的速度、负重量、密度、难度或一定的速度、负重量、密度、难度的练习占总练习的百分比来表示。合理地安排适宜的运动量，有利于促进技、战术水平和身体素质的提高。这一原则的理论根据是"超量恢复"。负荷适宜，在疲劳消除、身体恢复后可使机能得到提高。

### 5. 持之以恒原则

身体训练要有连续性和系统性，坚持常年的体育训练，才能使体质不断增强，提高运动技术水平。坚持这一原则要求对整个训练过程系统规划，在内容、比重、手段、负荷等方面也应做出系统安排，尤其是在学生时期以及达到高水平成绩之后，更应周密考虑。

## 二、匹克球训练对各项身体素质的要求

### 1. 力量素质是身体素质训练的核心

由于人体一切运动都是肌肉在神经系统支配下的工作（收缩与放松）所致，因此，肌肉力量的大小不仅对运动成绩起着重要的主导作用，也直接影响着其他各项运动素质的发展与提高。因此，在身体素质训练中，应始终将力量训练作为最重要的核心内容。

首先，注意选择合理、正确的练习方法和手段，不仅要使大肌肉群和主要肌肉群得到训练，还要注重小肌肉群和远端肌肉群的发展，使它们得到同步和协调发展。其次，力量训练还要注意循序渐进、长期系统化，否则无法取得理想的训练效果。最后，在全面发展的基础上，要根据匹克球的专项特点，有针对性地发展专项所需要的力量素质。

### 2. 速度素质是身体素质训练的灵魂

匹克球运动对于速度素质要求很高，在激烈的对抗中，运动员们要提前对来球进行预判，移动到位后准确击球。因此，不仅是反应速度、位移速度，还有动作速度的提高，都是匹克球身体素质训练内容中的重中之重。

首先，速度是受多种因素影响的一种综合能力的体现，在进行速度训练的同时，要注意多种能力的培养，如力量、爆发力、协调性甚至是心理训练等。其次，速度训练对人体神经和肌肉系统的灵活性要求很高，刺激强度也较大，因此在训练中，要遵循适宜负荷的原则。最后，由于动作结构不同的练习所获得的速度不会向专项中转移，因此在训练中，一定要根据项目特点和技术动作要求，采取有针对性的方法。

### 3. 灵敏素质是身体素质训练的保证

灵敏与协调能力对各种运动技能的形成与发展起着重要的支配作用，是匹克球选手在对战中能迅速、准确、省力、流畅地掌握和完成各种运动技能的基本能力和保障。灵敏协调性练习对匹克球选手的兴奋性、神经系统要求较高，一般不宜放在大运动量的训练课后进行，练习的次数和时间也不宜过多、过长，并应保证足够的间歇时间，否则会影响训练效果。此外，训练方法手段要灵活多样，注意其调节性、娱乐性和趣味性。

### 4. 耐力素质是身体素质训练的基础

疲劳是影响和限制运动成绩的因素之一，任何运动项目都要求运动者具有相应的耐力素质，并将它作为训练中一种基本素质进行训练。不同的项目对耐力的需求有所不同，训练的内容与方法也要有所区别。从事匹克球运动，要根据其项目特征来进行耐力训练。由于匹克球比赛采取发球方得分制，球权的转换更为频繁，比分更焦灼，需要跑动积极，因此对运动员的耐力要求较高。

**参考文献**

［1］李爱东. 田径运动员体能训练的内容与原则［J］. 田径，2002（2）：18-19.

［2］梁方勇. 定向运动体能训练方法探析［D］. 长沙：中南大学，2011.

［3］学校田径队常规体能训练的原则［EB/OL］. http://www.doc88.com/p-8458470338553.html.

［4］孔峰. 浅谈排球运动一般身体素质训练理论与方法［J］. 当代体育科技，2019，9（6）：28-29.

［5］嵇恺. 浅谈短跑的专项训练［J］. 商情（科学教育家），2008（5）：398-399.

［6］吕鑫. 浅谈如何提高运动员的短跑技术［J］. 教书育人，2010

(15): 86-87.

[7] 王建民. 实行新规则新赛制后排球运动员的体能训练规律 [J]. 体育学刊, 2003 (1): 119-121.

[8] 谢峰. 提高短跑技术的训练要领 [EB/OL]. http://www.wendangku.net/doc/59b7254fe45c3b3567ec8bdb.html.

[9] 赵瑞刚, 徐兆华. 浅谈短跑专项训练 [J]. 少年体育训练, 2008 (1): 79-80.

[10] 何绍平. 中长跑专项训练方法分析 [J]. 考试周刊, 2013 (45): 116-117.

[11] 刘浩. 竞技健美操体能训练理论与方法的研究 [D]. 北京: 北京体育大学, 2010.

[12] 李湖南. 谈短跑训练中的几点看法 [J]. 田径, 2008 (2): 46-48.

[13] 肇楠. 追赶刘翔（下）——短跑训练小技巧 [J]. 农村青少年科学探究, 2011 (Z2): 42-43.

[14] 张雷. 大学生基本运动能力锻炼网络模式研究 [D]. 哈尔滨师范大学, 2009.

[15] 郑砚龙. 我国青少年篮球运动员体能训练管窥 [J]. 中国地质大学学报: 社会科学版, 2013 (S1): 157-159.

[16] 科学健身理论方法 > 力量/抗阻力训练 [EB/OL]. http://blog.sina.com.cn/s/blog_133daca790102wqnu.html.

[17] 古松, 尹洪满, 薛维亮, 等. 振动力量训练提高排球运动员专项素质研究 [J]. 北京体育大学学报, 2010, 33 (6): 113-115, 118.

[18] 熊光明, 李宏伟, 徐维良. 发展力量的练习方法 [J]. 中国学校体育, 1996 (5): 55.

[19] 吴向宁. 儿童少年乒乓球运动员体能训练的必要性探讨 [J]. 青少年体育, 2013 (4): 59-60, 21.

[20] 练飞龙. 排球弹跳力影响因素及训练方法探讨 [J]. 体育科技, 2009, 30 (3): 51-54.

[21] 刘平. 如何正确理解现代运动训练负荷安排的适宜负荷原则 [J]. 科技信息, 2013 (18): 305-306.

[22] 读家 [J]. 新民周刊, 2014 (15): 20-23.

[23] 吕斌. 美臀, 男性也需要 [J]. 食品与健康, 2009 (7): 42-43.

[24] 崔傲发. 运动员身体素质与专项成绩关系探析 [J]. 固原师专学报, 1999 (3): 72-75.

[25] 李巍峰. 论体能训练对乒乓球运动员的重要性 [J]. 价值工程, 2011, 30 (17): 300-301.

[26] 仝宁. 浅谈加强中职生力量训练提高三分投篮命中率 [J]. 才智, 2019 (35): 127.

[27] 刘波, 温朋飞, 王梦花. 提高青少年短跑运动员踝关节力量的方法 [J]. 少年体育训练, 2011 (6): 156.

[28] 王超. 对羽毛球专项身体素质训练的探讨 [J]. 科技信息, 2012 (6): 325-326.

[29] 刘戈. 合理安排杠铃练习提高田径运动员的力量 [J]. 文体用品与科技, 2012 (18): 117-118.

[30] 林明祥, 王玉兰. 论青少年排球运动员弹跳力及其训练方法 [J]. 科技视界, 2014 (29): 134-135.

## 第二节 匹克球身体素质训练的手段

身体素质是机体在中枢神经系统控制下, 在运动时所表现出来的各种基本运动能力, 通常包括力量、速度、耐力、灵敏、柔韧等素质。随着匹克球运动的不断完善与发展, 运动员职责范围在扩大, 比赛速度在加快, 对抗程度也在不断加剧, 这就对运动员的身体素质水平提出了更高的要求。良好的身体素质, 是运动员进行技术训练和战术训练的基础, 对掌握匹克球技术、战术, 承担大强度的运动负荷和激烈的比赛, 不断提高运动成绩, 防止伤病以及延长运动寿命, 都有着重要意义。因此在学习匹克球运动的过程中, 通过不断加强对各项身体素质的科学训练, 影响和促进运动员的身体形态和机能的改善,从而提高运动员健康水平,为运动成绩的提高奠定良好基础。

## 一、匹克球力量素质训练

力量是指肌肉工作时克服阻力的能力。从生理学角度讲,它是运动员肌肉收缩程度的反应。人体所有的活动都是对抗阻力产生的,体育运动与日常活动相比要对抗更强的阻力,因此力量是决定运动水平的重要因素。匹克球运动所需要的弹跳力、速度、爆发力、快速移动以及耐力都是以力量为基础的,因此发展力量素质对于提升匹克球运动水平具有极其重要的意义。

### (一) 匹克球力量素质训练概述

#### 1. 力量素质分类

匹克球运动员需要发展的力量包括一般力量、爆发力和力量耐力3种。

一般力量是爆发力和力量耐力的基础,发展一般力量可以采取大负荷、少次数、多组数的练习方法。

爆发力又称速度力量,它是在尽可能短的时间里发挥出尽可能大的力量的能力。发展爆发力通常有两种方法,一是用近极限的负荷而重复较少次数的练习方法,二是用小负荷但运动速度较快的练习方法。

力量耐力是在一段时间内反复承受某一负荷的能力。它对于在长时间的比赛中保持良好的体能、取得良好的比赛成绩、坚持较长时间的训练都有重要的意义。通常采用负荷小而重复次数多的练习方法来发展力量耐力。

## 2. 影响力量素质的因素

### (1) 肌肉的横断面积

横断面积越大的肌肉力量越大,横断面积的增大是由于训练引起的肌纤维变粗。匹克球运动员需要在场上完成快速的移动以及起跳扣球,因此需要较大的绝对力量和相对力量,下肢肌肉就需要较大的横断面积。

### (2) 神经系统的协调能力

参加工作的主动肌、协同肌及对抗肌的协调能力主要依靠神经系统的协调能力来进行调节。除了肌肉间的协调关系外,还有主动肌本身的"内协调能力"对力量也有较大影响。所谓"内协调能力",就是肌肉收缩时动员"运动单位"参加工作的能力,很大程度上取决于训练水平。据研究表明,训练水平高的运动员在运动时可动员 80%~90% 的"运动单位"参加工作,而一般人只能动员 40% 左右。

### (3) 骨杠杆的机械率

它取决于肌肉群的牵拉角度、每个杠杆阻力臂和动力臂的相对长度。合理的机械率是由各部分肌肉协调用力和正确的技术动作来体现。

### (4) 肌纤维的类型

白肌纤维收缩速度快、张力大,是力量素质的主要因素。白肌纤维占得比例越大,肌肉的力量,特别是爆发力就越强。

### (5) 内脏器官机能

有氧代谢能力与力量耐力有着密切联系。

## （二）匹克球力量素质训练的内容与方法

### 1. 上肢力量练习

**（1）哑铃练习**

①坐姿交替肱二头肌弯举：4组，每组10~12次。坐在凳子上，手持哑铃，以肘关节为轴，做屈前臂动作，两臂交替，反复练习。

②单臂哑铃颈后屈伸：4组，每组10~12次。两脚左右开立，两手正握哑铃，两臂上举后屈肘将哑铃至于肩后，做向前上伸臂动作（类似挥拍动作），反复练习。

③前臂屈伸：4组，每组10~12次。两脚稍开立，两手持哑铃置腿旁，以肘关节为轴，做前臂屈伸动作，反复练习。

④侧平举：4组，每组10~12次。两脚左右开立，两手握哑铃置于体侧，两臂直臂缓慢侧平举，然后缓慢回至体侧，反复练习。

**（2）徒手练习**

①俯卧撑：3组，每组15~20个（间歇30秒）。双手与肩膀平行自然垂直与地面成90°，身体呈倾斜状，肩膀位置较高，头部到小腿要呈直线，腰腹部肌肉收力保持下半身平衡，最后脚尖撑起。下去时候吸气，上来时候呼气，反复练习。

②引体向上：2组，每组6~8个。在单杠上自然悬垂，配合手臂力量将身体向上拉，拉的过程中挺胸，两肩后张，使背部肌肉尽力收缩，挺胸去触碰单杠，上拉到下巴超过单杠后放松肌肉下放，如此反复。

③支撑爬行：4组，每组2~4趟。练习者的两腿由同伴抬起，

呈两臂支撑姿势，做向前爬行的动作。两人交换，反复练习。

④支撑俯卧撑：4 组，每组 10～12 次。练习者的两腿由同伴抬着做俯卧撑。两人交换进行练习。

⑤两人拉肩：两人背靠背站立，两臂上举，互握手，各自向前迈一步，挺胸成背弓，复原姿势，反复练习。

**（3） 弹力带练习**

①颈后臂屈伸：4 组，每组 10～12 次。两脚前后站立（左前右后），右臂屈肘，前臂置于颈后，右手握固定的弹力带的一端，做向前挥拍动作，反复练习。

②双臂前摆：4 组，每组 10～12 次。两脚左右开立，两手握弹力带，从肩后向前做摆臂动作。反复练习。

③前臂屈伸：4 组，每组 10～12 次。两脚左右开立，脚踩弹力带，两手握弹力带，两臂屈肘置于体侧，做前臂屈伸动作，反复练习。

**（4） 实心球练习**

①双手向前掷球：4 组，每组 10～12 次。两脚前后开立，左腿在前稍屈膝，上体稍后仰，两手持球于头后上方，做向前送髋、挺胸、振臂向前掷球的动作，反复练习。

②单手投掷球：4 组，每组 10～12 次。两脚左右开立，右手持球于肩后上方，右腿稍后撤并屈膝，向右转体成左侧对投掷方向，然后向前做投掷动作，反复练习。

**2. 腰腹力量练习**

**（1） 杠铃练习**

①体侧屈：4 组，每组 10～15 次。两脚左右开立，肩负杠铃，

两臂侧举，手扶杠铃横杠，向左右侧做屈体动作，反复练习。

②体前屈：4组，每组8~12次。两脚左右开立，肩负杠铃，两手握杠铃横杠，做体前屈动作，反复练习。

(2) 实心球练习

双人转体传球：4组，每组10~15次。两人背靠背站立，相距适当距离，一人手持实心球，接着两人同时向左、向右转体传递实心球。两侧交替进行，反复练习。

(3) 高位仰卧起坐

4组，每组10~15个。仰卧在高台上，头在台外，两脚由同伴压住，两手持杠铃片放在颈后，做仰卧起坐动作，反复练习。

(4) 平板支撑

4组，每组30~120秒。手支撑在地面上，用前臂和脚尖支撑身体，肘关节和肩关节与身体保持直角。手臂呈弯曲状，并置放在肩膀下。任何时候都保持身体挺直，并尽可能最长时间保持这个姿势。

3. 下肢力量练习

(1) 杠铃练习

①杠铃负重深蹲：4组，每组8~10次。双脚分开与肩同宽，双膝向前，腰背挺直，上身正直，保证直起直落，不要弯腰弓背。

②单足（或双脚）提踵练习：4组，每组10~15次。脚跟悬空，做的时候提脚跟，上提动作要快，下落要慢，充分拉伸小腿后面的肌肉群，反复练习。

③负重弓箭步走：4组，每组15~20步。肩负杠铃，向前迈出

一步，身体下蹲至大腿与地面平行，后腿用力蹬起向前迈出下一步。上身始终保持正直，不要前倾或后仰。下蹲时后脚跟要抬起，步子不要太大，如此反复练习。

④负重深蹲后跳起：4 组，每组 8~12 次。肩负杠铃深蹲后向上跳起，反复练习。

（2）台阶练习

①快速跑台阶：4 组，每组 4~6 趟。

②双脚连续跳 2~3 个台阶：4 组，每组 2~4 趟。

（3）跳绳练习

①快速单或双脚跳：4 组，每组 50~100 个。两手握绳的两端，绳由体后向前摇，到体前单脚或双脚迅速起跳至绳通过，如此反复。注意要用前脚掌起跳和落地，不能用全脚或脚跟，以免脑部受到震动。呼气要自然有节奏。

②快速交叉跳：4 组，每组 50~100 个。两手握绳的两端，绳由体后向前摇，当绳摇到前上方时，两臂迅速体前交叉，同时向后快速抖腕（前臂外旋），两脚立即跳起，绳通过再摇至头上方时交叉两臂还原，用同样方法连续跳。

③快速双摇跳：4 组，每组 15~20 个。双脚跳起一次双手迅速前摇绳绕体两周。注意，两脚掌蹬地发力，跳起一定高度时，提膝、收腹、稍含胸，大臂下垂，尽量贴近身体，双手以手腕发力为主。

（4）斜坡跑道练习

①上坡跑 60 米，进行 3~5 组，间歇 2~3 分钟，采用走或慢跑的方法休息，待心率恢复到 120 左右进行下一次训练。

②下坡跑 60 米，进行 3~5 组，间歇 2~3 分钟，采用走或慢跑的方法休息，待心率恢复到 120 左右进行下一次训练。

③上坡跨步跳 60 米加下坡放松跑 60 米练习，进行 3～5 组，间歇 2～3 分钟，采用走或慢跑的方法休息，待心率恢复到 120 左右进行下一次训练。

④上坡深蹲跳 30 米，进行 3～5 组，间歇 2～3 分钟，采用走或慢跑的方法休息，待心率恢复到 120 左右进行下一次训练。

## （三）匹克球力量素质训练的注意事项

①训练前要做好准备活动，对练习手段要正确选用，符合锻炼肌肉群的目的。练习的重量要由轻到重，练习的速度要由慢到快。

②应根据自己的实际情况选择合适的负荷进行匹克球力量素质的练习，同时，无论选用什么样的负荷，都要遵循由小到大的原则，切勿突然增大运动负荷造成伤害事故。

③在进行匹克球力量素质的练习时，应重视身体各个部位的锻炼，全面发展各个部位力量，如上肢、躯干（腹肌、背肌、腰部两侧肌肉）、下肢的力量等。

④匹克球力量训练可以隔日进行力量练习，并且身体各部位要交替练习，或各种动作交替进行练习，效果会更理想。如果每天都进行力量练习，不仅提高肌肉力量的效果不明显，而且会造成整体机能的不协调发展。

⑤要符合循序渐进的原则，要注意重量和组数、次数的递增，练习一定的重量，增加次数和组数；增加重量，再增加次数和组数，循环往复，不断提高力量水平。

⑥训练要持之以恒，如果停止练习，已经获得的肌肉力量也会逐断消失。肌肉力量消失的速度相当于获得肌肉力量速度的 1/3，为了保持已获得的肌肉力量，可每周进行一次力量练习，就能保持已获得的力量水平。

⑦力量训练的手段应力求与专项动作紧密结合，因为发展力量

素质要与技战术相结合，所以，所采用的力量训练手段必须力求与匹克球运动的动作结构、用力方向、参与肌肉、工作方式关节角度等一致。例如，匹克球上肢力量训练，除了发展一般肩带部位的肌肉力量以外，主要应考虑提高与挥拍有关的动作的爆发力，并研究动作的用力方向而采取相应的训练手段。如在采用哑铃、杠铃、拉力器、杠铃片做颈后臂屈伸时，应特别注意该动作要与挥拍动作相似，这样对提高突击杀球、大力杀球才有用。又如在进行下肢力量训练时，除了以一般力量训练提高腿部肌群的力量外，还应考虑提高蹬、跳、跨的能力，要根据匹克球运动技术中移动的特点而采取相应手段，使之有利于发展下肢专项力量。

## 二、匹克球速度素质训练

### （一）匹克球速度素质概述

#### 1. 速度素质的含义与分类

速度是指单位时间内完成某个动作或移动某段距离的能力。匹克球比赛是以适应迅速运动着的对手和飞速运动着的球为特点的，因而速度素质是匹克球运动员体能的重要方面。

速度可分为反应速度、动作速度和移动速度。匹克球运动员判断场上变化情况，观察球的运行，需要反应速度；完成击球动作需要动作速度；抢占有利位置或争取最佳空间需要移动速度。离开了速度，匹克球运动"快、准、狠、活"的技术风格就难以体现。所以提高速度素质是很重要的训练任务。

（1）反应速度

匹克球运动员的反应速度是运动员对匹克球场上双方队员行动

的变化、球飞行的位置和速度的变化所产生的迅速应答能力。这种能力通常以"综合反应时"来反映。

反应速度受先天因素的影响，通过后天训练加以提高的空间是有限的，而且有随年龄增长而减慢的趋势。由于匹克球运动信号感十分强烈，对反应速度要求很高，故应早期加强训练。

（2）动作速度

在匹克球场上完成各种击球动作的速度就是动作速度。

动作速度主要是克服运动员本身体重，阻力比较小，所需力量也比较小，主要是肌肉间的协调能力起作用。

匹克球运动对运动员的动作速度要求很高，据测定，男子扣球速度最快已超过 30 米/秒，女子已超过 20 米/秒，没有相应的挥臂速度是达不到这么快的扣球速度的。

（3）移动速度

单位时间内身体移动的距离就是移动速度。在匹克球场上由移动和扣、拦、助跑等的速度表现出来。

移动速度的快慢除了取决于协调性外，还与克服较大身体惯性的能力有关，比如，运动员从静止状态到迅速移动，或从移动到静止状态。

2. 影响速度的主要因素

（1）神经过程的灵活性

运动神经中枢兴奋与抑制的转换速度，即神经过程的灵活性。身体运动是靠肌肉的收缩与舒张实现的，而肌肉是由神经支配的。因此，神经过程的灵活性好，反应速度就快；反之速度就慢。

### (2) 肌肉的类型和肌肉活动的协调性

生理学研究表明，白肌纤维较多的人适宜于速度性项目，这是由白肌纤维的生理、生化特点（如 ATP 的含量及其分解与再合成的速度、神经冲动的传导速度等）决定的。改善各肌群之间协调性可以提高活动速度，因为肌群的协调配合使肌群之间的阻力减少从而提高肌肉活动的速度。关节的灵活性、对抗肌的拉长能力也有助于速度素质的提高。

### (3) 爆发力的水平与速度

爆发力的水平与速度能有效提高速度素质水平。

## （二）匹克球速度素质训练的内容与方法

### 1. 匹克球速度素质训练的特点

实践表明，力量素质和速度素质之间存在着转移规律，力量素质对速度素质的提高起着决定性的作用，不同性质的力量训练将提高不同性质的速度素质。

因此，在进行匹克球速度素质训练时，要将速度训练与力量训练结合起来，要依据专项特征和个人的运动特点，以优先发展运动员优势的竞技因素，逐步加大与专项技术动作结构一致的力量训练内容，选择有效的训练手段组成最佳的训练方法。

### 2. 匹克球速度素质训练的要求

①各项身体素质训练相结合时应注意，最大速度与爆发力量和速度力量相结合：速度耐力与速度力量相结合；改进技术训练与最大力量和爆发力量相结合：提高专项运动能力与专项力量和速度力

量相结合。

②不宜在身体疲劳时进行匹克球速度素质的训练,一般应安排在课的前半部分。

③选用练习的动作,应是可用最高速度完成的。

④练习的持续时间不应超过 20~30 秒。练习次数不宜过多,练习时间不宜过长,以防因机体疲劳导致反应变慢、动作速度变慢,妨碍速度素质的发展与提高。

⑤匹克球速度素质训练应与灵敏素质训练相结合,以取得较好的训练效果。

### 3. 匹克球速度素质训练的方法

**(1) 反应速度练习**

①听口令起跑:站立、蹲下、趴下、平躺,听到口令后马上起跑。

②听口令变向跑:在快速移动中听到口令快速做出变向并冲刺跑。

③听口令转身跑:背向起跑线站姿、蹲下或坐下听到口令后快速转身冲刺跑。

④听信号做动作:如教练员喊出 1、2、3、4 中的某个数字运动员快速做出相应动作。

⑤在跑动过程中,根据训练同伴发出的信号,迅速做出相应动作,如急起、急停、侧身步、跨步、交叉步等。

⑥用多球做接发球练习。根据对方发球动作,迅速判断旋转性质和落点,然后做出反应和动作。

⑦两个人用多球在同一方位交替发球,另一人在对面练习接发球。

### (2) 移动速度训练

移动速度是指在最短时间内，通过步法移动迅速到达击球位置的能力提高专项移动速度，移动速度的训练应尽量结合匹克球的步法特点进行练习。

①左右移动的步法练习：30 秒~1 分钟为一组。

②左右跨跳：30 秒~1 分钟为一组。

③推、侧、扑步法练习：30 秒~1 分钟为一组。

④交叉步移动：30 秒~1 分钟为一组。

⑤长短球步法练习：30 秒~1 分钟为一组。

⑥用多球练习提高步伐移动速度：30 秒~1 分钟为一组。

### (3) 动作速度训练

①采用领跑、助跑和音响、灯光等信号发出速度感觉指令，以提高动作速度的练习，如用音响或灯光信号发出速度感觉指令，可提供更快的动作节奏，提高动作的速度。

②在限定的时间内，要求匹克球运动员用最高速度或频率完成练习的动作。如 20~30 秒内，用右手持拍在发球线启动快速触碰两角球网的练习。

③变换各种形式和方向的快速跑或其他动作的练习，如立卧撑，十字变向跑，各种躲闪、急停、迅速转体等练习。

④利用器械重量变化的后效作用进行练习。实验证明，在负重类动作影响下，可以使下一次练习的动作速度暂时得到提高。如先用铁拍做挥拍练习，再用正规球拍做挥拍练习。

⑤各种利于提高速度的游戏。如二人对面站立，先将左手置于身后，发令后，设法用自己右手摸对方后背，摸中 1 次得 1 分，得分多者为胜。

## （三）匹克球速度素质训练的注意事项

①不宜在身体疲劳时进行匹克球速度素质的训练，应在练习者兴奋性高、精力充沛、运动欲望强的情况下进行，安排在每次课的前半部分为宜。同时，要注意练习的质量，不要片面追求练习量的大小。

②匹克球速度素质的发展是一个复杂的过程，只有把速度练习同快速力量、爆发力、灵敏、协调等素质结合起来才能取得较好的效果。

③练习的持续时间不应超过 20~30 秒。练习次数不宜过多，练习时间不宜过长，以防因机体疲劳导致反应变慢、动作速度变慢，妨碍速度素质的发展与提高。

④用负重法做专门性动作速度练习时，重物的重量应比发展单纯力量或速度力量时小。当采用专项动作本身作为练习手段时，一般不宜负重。

⑤进行专项身体训练时，练习的动作结构应与专项技术动作相似。

⑥安排好练习的间歇时间和休息方式，应使健身者机体相对得到完全恢复，以保障下次练习以高能物质供能。

⑦匹克球速度素质的练习手段和安排方法，既要注意相对集中，又要防止过分单调，要注意用多种节奏和频率进行练习，应多采用逐渐加速和可以控制的速度来进行练习。

## 三、匹克球耐力素质训练

### （一）匹克球耐力素质训练概述

耐力素质指人长时间坚持工作的能力。耐力训练，可提高人体抵抗疲劳的能力，提高呼吸系统、血液循环系统的功能水平，改善大脑皮质兴奋与抑制过程有节奏的交替能力，从而使机体能量物质的储备增多，促进其他身体素质的发展。

耐力素质可分为肌肉耐力和心血管耐力。肌肉耐力亦称力量耐力。心血管耐力：按运动中氧代谢的特征，可分为有氧耐力和无氧耐力；按耐力素质与专项运动的关系，可分为一般耐力和专项耐力；按参加主要工作所动员肌群的数量，可分为局部耐力和全身耐力。

### （二）匹克球耐力素质训练的内容与方法

1. 匹克球耐力素质训练的特点

耐力训练的目的主要是保证运动器官具有足够的能量储备，迅速消除代谢产物，以保持内环境的稳定。

匹克球运动属于对抗项目，比赛越到后期越紧张激烈，竞赛二人的大脑皮质长期处于紧张状态，因此，要求健身者必须具有一定的耐力素质。

2. 匹克球耐力素质训练的要求

①匹克球耐力素质的训练，应安排在课的后半部分进行。

②由于有氧代谢供能是无氧代谢供能的基础。因此，在匹克球耐力素质的训练中，应对有氧耐力训练给予必要的重视。

③匹克球健身爱好者需要具有相当大的耐力储备，在专项训练中应承担比比赛更大的专项负荷，充分利用专项运动负荷的增长来发展专项耐力。

3. 匹克球耐力素质训练的方法

（1）一般训练

①越野长跑练习：在郊外，规定一定的时间和距离，进行长跑练习。跑的速度可以适当变化，心率控制在150~170次/分钟，运动时间在1.5~2小时。

②长距离变速跑练习：在相当距离内，3000米或5000米以上，采用快慢交替的训练方式，进行变速跑步练习。注意负荷强度要由低到高，心率控制在130~150次/分钟、170~180次/分钟，训练时间在30分钟以上。

③中距离变速跑练习：在800米到1500米距离内，练习者6~10人列成纵队，听信号从排尾跑到排头，在这段距离内要加速跑，也可以用滑步、交叉步等进行跑动。

④3分钟花样跳绳：正摇、反摇、交叉摇、双摇跳和单摇跳等。

（2）专项训练

①3分钟长短球步法训练：运动员利用半场持拍做长球和短球无球的步伐练习，动作应严格规范。

②移动扣杀训练：利用多球在移动中练习扣杀，教练员在网的一侧给训练者发高球让训练者练习扣杀动作，扣完球应立即回到初始位置准备下一次扣杀，反复练习3~5分钟。

③移动步法加冲刺跑训练：运动员进行 200 米、300 米或是 400 米全力冲刺跑后，立刻进行 45 秒或 1 分钟全场移动步法练习，完成两项内容为一组，中途没有间歇，组与组之间可间歇 3 分钟左右。依据选手的具体情况，可采用 2 组、3 组、5 组不等的练习负荷。

④10 分钟持续全场进攻防守训练：运用多球，不间断地进行发球，使练习者没有间歇，在规定时间内保持较高速度反复移动击球。

## （三）匹克球耐力素质训练的注意事项

①发展匹克球耐力素质时，要根据自己的体力、营养等实际情况，合理安排负荷量和强度，科学进行锻炼，使耐力素质逐渐提高。

②在匹克球耐力素质练习中，要重视呼吸问题。通过有意识地调节、控制呼吸的节奏，调节呼吸的深度和改变呼吸的方式，从而使机体保持良好的运动状态。

③匹克球耐力素质训练是一个长期的、渐变的过程，训练比较艰苦、枯燥，最好组织集体练习，手段要多样化。因此，通过训练，不但能够使运动员的意志品质和运动员训练的积极性得到有效的锻炼，而且能达到增强运动员团队合作精神的目的。

④在耐力训练中，消耗比较大的是体力和精神，因此这就要求一定要做好恢复工作，从而保证训练的有效性和安全性。通常，采取的方式主要有两种：一种是在训练间隔采用积极性休息的方式，这样可以使因突然停止大强度活动后造成血液回流困难致使大脑供血不足得到有效的避免；另一种是在训练后进行物理、医学、心理学等多种形式的积极性恢复，特别是心理方面的恢复也是身体恢复的重要方面之一，心理的恢复可以大大促进生理疲劳的恢复。

## 四、匹克球灵敏素质训练

### （一）匹克球灵敏素质训练概述

灵敏素质指在各种突然变换信号刺激的条件下，匹克球运动员能迅速、准确并协调地改变身体运动的能力，它要求运动员必须具备很好的判断能力和反应速度，要求运动员随机做出的应答动作必须在时间、空间及用力特征上相互协调，这对于普通的匹克球健身爱好者来说同样重要。

对于匹克球健身者来说，灵敏素质是一个非常重要的素质，灵敏素质可分为一般灵敏素质和专项灵敏素质，一般灵敏素质是指在完成各种突变动作时所表现出来的运动能力；专项灵敏素质是指与专项技术有密切关系的灵敏素质。

### （二）匹克球灵敏素质训练的内容与方法

#### 1. 匹克球灵敏素质训练的特点

灵敏素质实质上是中枢神经对运动器官的支配能力，表现为完成动作的准确与快慢程度，其包括反应、协调性和动作幅度等因素。

在一场匹克球比赛中，球运动的速度很快，需要练习者在很短的时间内对来球的方向、速度等进行全面观察，迅速做出判断并想出对策，迅速移动步法，调整身体重心和击球位置，进行挥拍击球，以适应各种复杂的动作和技、战术变化。

### 2. 匹克球灵敏素质训练的要求

①在匹克球灵敏素质的训练中，最重要的是提高人体大脑皮质的神经过程的灵活性和兴奋性。只有大脑皮质的灵活性和兴奋性高，才能使运动器官对外界的刺激做出迅速的反应，从而迅速地完成各种动作。

②灵敏素质是一种练合素质，与力量、速度、协调等素质有密切关系。因此，发展灵敏素质，应从这些基本因素着手，结合所训练项目的运动特点来组合设计自己实际锻炼的内容。

③灵敏素质应在体力较好时进行锻炼，练习负荷强度要大，每次负荷持续时间不宜过长，重复次数也不宜太多，间歇时间要充分，以不产生疲劳。

### 3. 匹克球灵敏素质训练的方法

**（1）抛接球游戏**

①教练员辅助抛接球游戏：教练员站在球网一侧，练习者站在球网另一侧场地中间，教练员将球随意丢到场地的一个地方，训练者快速将球抓住，在限定的时间内抓的越多越好，丢球的远近、高低要结合运动员自身特点而定。

②单人抛接球游戏：游戏者左手前平举，用右手将球从左手手臂下方将球抛起，再用右手接住30秒，用同样的方法换左手进行30秒，一分钟内抓球多的游戏者胜利。

**（2）跑跳游戏**

在跑、跳中迅速、准确、协调地做出躲闪、急停、变向跑、蛇形跑的练习。

### （3）移动抓球游戏

在匹克球场地内六点各放一个匹克球，球脱朝上。游戏者站在中间位置，采用上网、两侧移动和后场撤步的方法将六点的球快速抓回起点，再用同样的方法将球放回原处，最先完成的游戏者获胜。

### （4）传球抢截游戏

将练习者分为两组，每组3~4人，手持球拍在限定范围内，进行传球抢截游戏。

### （5）追逐游戏

追人者手持球拍托球，在限定的范围内追逐别人，将匹克球击到被追者身体算捉住了被追者，然后被追者变为追人者，依次进行。

## （三）匹克球灵敏素质训练的注意事项

①在进行匹克球灵敏素质的训练时，一定要将灵敏素质训练安排在其他素质训练之前，否则会对训练效果产生不利的影响。

②身体灵敏的全面提高，有赖于多建立有严格要求的条件反射。也就是说，学会正确随意的动作，越多越好。

③人在疲劳时灵敏性会变差。因此，不断提高自己的耐力水平，对保持灵敏性有积极的作用。

④准确分析动作的能力越强，迅速掌握动作或重新组合动作的能力就越强，所以，不论练习什么动作都应该全身心投入，培养准确感知自己动作的能力。

⑤在选择匹克球灵敏素质训练方法时，一定要选择趣味性和多

样性较强的训练方法,并且与比赛中各种动作的灵敏特点相结合,这些动作应该是接近实战情况的短距离的突然起动,这样能够有效提高锻炼者训练的积极性。

⑥由于灵敏素质是多种素质的综合表现,尤其与速度、力量素质关系密切,所以安排训练内容时应与其他素质结合进行

⑦一般来说,12岁左右的少儿是灵敏素质的提高期,13岁、14岁时灵敏素质发展不稳定,15岁以后逐渐趋向稳定。这就要求以这些特点为主要依据,重视少儿灵敏素质训练,从而奠定坚实的基础。

## 五、匹克球柔韧素质训练

### (一) 匹克球柔韧素质训练概述

柔韧素质指人体各关节活动幅度的大小。主要指的是跨过关节的肌肉、肌腱、韧带等软组织的伸展能力。

在发展其他身体素质的同时,不应忽视对身体柔韧素质的训练,尤其应注意发展匹克球项目需要的肩、腕、腰、髋、踝等关节的柔韧性,随着运动员年龄的增长,肌肉韧带就会变得僵硬,因而就会影响技、战术水平的进一步发展。肩关节柔韧性差,必然造成挥拍时摆臂幅度不大;髋关节的柔韧性差,必然造成跨步动作时伸展面受影响;腰部的柔韧性差,必然造成后击进攻力、鞭打发力过程的传递受影响。

### (二) 匹克球柔韧素质训练的内容与方法

#### 1. 匹克球柔韧素质训练的特点

这里主要对运动者的年龄特点进行介绍。一般来说,在匹克球

柔韧素质的训练中，不同年龄阶段通常表现出以下不同的特点。

①儿童时期（4~5岁），可开始根据专项的需要进行柔韧性训练，尤其是髋和脊柱的柔韧性。

②少年初期（6~10岁），肩、髋、脊柱的灵活性较好，但髋关节向侧活动的幅度开始下降，所以应根据专项需要，加强这方面的训练。

通常而言，应抓紧在7岁前进行柔韧性练习，争取在12岁以前使柔韧素质得到较好发展。

③少年晚期（13~16岁），柔韧素质下降，易出现伤害事故，所以，应避免或少做过分弯曲和扭转的动作，因为此阶段人体生长发育很快，内分泌又发生改变，骨骼系统所能承担的负荷相对减弱。

④青年期（16岁以后），可逐步加大柔韧练习的负荷强度和难度，20岁左右骨化过程基本结束。

2. 匹克球柔韧素质训练的要求

①在进行柔韧素质练习时，应由简到繁、由易到难，循序渐进，动作幅度也应由小到大，不能操之过急。练习动作要规范，不能用力过猛，强调把注意力集中在放松及拉长的肌肉和韧带上。

②在柔韧素质练习中，辅助练习者应是有经验的人，切不可随便让不了解情况者给予助力。练习时要动静结合、左右结合、上下结合，刚柔相济，协调发展。

③不同项目对柔韧性有不同程度的要求，因此在确定练习的量、强度、内容和手段时，要结合自己的实际情况，科学地进行安排。

3. 匹克球柔韧素质训练的方法

**(1) 上肢柔韧素质训练方法**
①颈部柔韧练习：

站立（或坐立），双手在头后交叉。呼气，向胸部方向拉头部，下颌接触胸部。要求双肩下压，动作幅度尽量大，极限位置保持3~5次呼吸。还原后，头部再向后仰，极限位置保持3~5次呼吸。

②牵拉手臂侧倒头：

站立（或坐立），左臂在背后伸直右臂屈肘，右手从背后抓住左手。将左臂向右拉过身体中线。呼气，将右耳贴到右肩上。动作幅度尽量大，极限位置保持3~5次呼吸。左右手交替进行，可逐步延长至10~15次呼吸。

③站姿（或坐姿）双手合十胸前转动：

双脚开立，双臂屈肘，双手在胸前合十，掌心相对，指尖向上，慢慢转动双手，使指尖向下，极限位置保持3~5次呼吸。练习3~5组，每组3~5次，逐步延长保持呼吸的次数至5~10次。手部转动时上身不能前倾，两臂位置不变。

④站姿（或坐姿）双手合十左右倾倒：

双脚开立，双臂屈肘，双手在胸前合十，掌心相对，指尖向上。右手慢慢向左侧压左手，极限位置保持3~5次呼吸。左右交替进行，练习3~5组，每组3~5次，逐步延长保持呼吸的次数至5~10次。手掌左右倾倒时，身体不能跟着动，肩、臂、肘位置不变。

⑤站姿（或坐姿）手掌翻转拉伸：

双脚开立，双臂自然屈肘，双手置于腹部前方，十指并拢，压住腕关节，指尖斜向上，整个手掌绷紧，保持3~5次呼吸。双手慢慢回扣，拇指置于食指内侧，极限位置保持3~5次呼吸。练习3~5组，每组5~10次。这个动作是对手掌肌肉的拉伸。

⑥跪撑正、反压腕：

练习者双膝和双臂直臂撑地，双手间距约与肩同宽，手指向前（后）。呼气，身体重心前（后）移。恢复开始姿势重复练习。动作幅度尽量大，极限位置保持3~5次呼吸。

（2）肩关节柔韧素质训练

①站姿（或坐姿）手臂侧拉：

双腿开立，略比肩宽，左臂伸直，右臂屈肘，右手握拳，用右拳挡住左手手腕处。感受大臂和肩部被拉伸的感觉，极限位置保持3~5次呼吸。左右交替进行，每侧练习3~5次。

②站姿（或坐姿）曲臂搬肘：

身体直立，右臂屈肘放于脑后，左手握住右肘向下侧拉动，极限位置时保持3~5次呼吸。左右交替进行，每侧练习3~5次。随着练习次数的增加，屈肘的上臂会越来越贴近耳朵，肩关节也越来越灵活。

③对墙压肩练习：

双脚开立约两倍肩宽，双手撑墙。双膝微弯曲，上身尽量与地面平行，头、背、腰在一条直线上，保持5~10次呼吸。动作熟练后可以保持3~5分钟。双手不要撑得太高，不要撅屁股。

④身后拉毛巾：

双腿开立略比肩宽，左臂屈肘，右臂伸直，双手各握住毛巾的一端，感受双臂和肩部与毛巾形成"弓"形，保持3~5次呼吸，逐步延长保持时间至10~15次呼吸。左右交替进行，每侧练习3~5次。

⑤徒手或手持哑铃做前后绕环练习。

（3）腰部柔韧素质训练方法

①腰部绕环。双脚开立，与肩同宽，以腰部为轴，使上身顺时针环绕10圈，再逆时针环绕10圈。上身环绕不要太快，可在前、后、左、右四个点处停留3~5次呼吸。

②站立双臂上举体侧屈。练习者双脚左右开立，双手举过头顶向上伸臂，双手合十，上身向一侧屈至最大限度保持3~5次呼吸，

左右交替练习。

③抬腿双臂上举侧屈。右腿搭在桌子上，尽量使两腿成90°。双臂上举，双手十指交叉，手心向外，身体向右侧倾倒，极限位置保持3~5次呼吸，左右交替进行，每侧练习3~5组，逐步延长保持时间至10~15次呼吸。

④俯卧单侧屈腿挺身。趴在垫子上，双臂屈肘支撑身体，左腿伸直，右腿屈膝。双臂伸直，改为双手支撑身体。腰背挺直，目视前方，保持3~5次呼吸。左右交替进行，每侧练习3~5次，逐步延长保持时间至10~15次呼吸。

(4) 下肢柔韧素质训练

①臀部拉伸：

a. 双手扶墙侧伸腿。面向墙面站立，双臂上举，双手扶墙。左腿向身体右后方伸直，脚尖点地，极限位置保持3~5次呼吸。左右交替进行，每侧练习3~5次，逐步延长保持时间至10~15次呼吸。

b. 仰卧屈膝抱腿。平躺姿势，左腿伸直，右腿屈膝，尽量使右小腿与地面平行。双手抱住右侧大腿，使右腿尽量贴近胸部，极限位置保持3~5次呼吸。左右交替进行，每侧练习3~5次，逐步延长保持时间至10~15次呼吸。

②腿部拉伸：

a. 扶墙上步腿部拉伸。面向墙面，成弓步，右腿屈膝在前，左腿蹬直在后，双臂伸直，双手扶墙。左脚上前一步，脚尖抵住墙面，右脚踮脚尖，充分拉伸左腿后侧的肌肉，极限位置保持3~5次呼吸。左右交替进行，每侧练习3~5次，逐步延长保持时间至10~15次呼吸。

b. 靠墙站立一字压腿。身体侧向对墙面站立，左腿抬起，左脚踩在墙面上。上身左转，双手抱住左脚的脚踝，保持3~5次呼吸。左右交替进行，每侧练习3~5次，逐步延长保持时间至10~15次呼吸，上身转动的时候，站立支撑的腿始终保持不动。

c. 扶墙单腿后屈膝。面向墙面站立，右臂伸直，右手扶墙。左腿屈膝，左手握在左脚面靠近脚踝处，使左脚贴紧臀部，极限位置保持3~5次呼吸。左右交替进行，每侧练习3~5次，逐步延长保持时间至10~15次呼吸，也可以身体侧对墙面站立，可以手在一侧扶墙练习。

d. 体前屈。双脚分开，上身向下弯曲，双手握住脚踝后侧，上身尽量贴近大腿，保持3~5次呼吸。练习3~5次，逐步延长保持时间至10~15次呼吸。

e. 直角前倾压腿。面向桌子站立，右脚抬起放在桌子上，脚尖绷直，上身前倾，双手抱住右脚，极限位置保持3~5次呼吸。左右交替进行，每侧练习3~5次，逐步延长保持时间至10~15次呼吸。

f. 坐姿上身前倾。坐姿，左腿伸直，右腿屈膝。右臂伸直，右手抓住左脚外侧，上身前倾，极限位置保持3~5次呼吸。左右交替进行，每侧练习3~5次，逐步延长保持时间至10~15次呼吸。

g. 跨步上身前倾。左前弓步，左腿屈膝，右腿在身后，右小腿前侧贴地。双臂在身体两侧直臂支撑，指尖朝向身体前方。挺胸抬头，目视前方，保持3~5次呼吸。左右交替进行，每侧练习3~5次，逐步延长保持时间至10~15次呼吸。

③踝关节拉伸

a. 跪姿脚背拉伸。跪姿，双脚并拢，臀部坐在两脚跟处。双手在体侧撑地，抬起膝关节，感受脚背的肌肉被充分拉伸，极限位置保持3~5次呼吸。练习3~5次，逐步延长保持时间至10~15次呼吸。

b. 站姿脚背拉伸。成站立姿势，双手叉腰，右腿向后，脚背着地。感受脚背延伸至小腿前侧的肌肉被拉伸，保持3~5次呼吸。

左右交替进行，每侧练习 3~5 次，逐步延长保持时间至 10~15 次呼吸。

c. 俯撑拉伸。练习者从俯卧撑预备姿势开始，双手逐渐向双脚靠近，升高髋部与地面形成三角形。缓慢下压脚跟到地面双脚轮流练习。练习时双臂和背部要伸直，并成一条直线。幅度尽量大，动作结束保持 10 秒左右。

## （三）匹克球柔韧素质训练的注意事项

①柔韧素质要从小培养并经常保持，持之以恒。根据人体机能发育的特点，儿童时期是发展柔韧素质的"敏感期"，抓住这时期训练柔韧素质会得到巩固和保持并不易消退。必须注意，通过训练所获得的柔韧素质进步很快，但停止训练消退得也快。因此，要经常保持训练。一般可安排在早操时间、准备活动及课后结束部分，进行柔韧训练对机体的恢复也很有好处。

②在进行柔韧训练时要注意气温。天气太冷不利于进行柔韧训练，只有在适当气温时训练才会有较好的效果。

③柔韧素质的发展要适度。发展柔韧素质以有利于最大限度发挥专项能力为前提。一般来讲，没有必要使柔韧素质的发展水平达到最大限度，控制在不影响专项技术所需的伸展度上即可。因为，超过这个限度，会导致关节和韧带变形，影响关节结构和牢固性且易造成伤害事故。

④柔韧素质训练前要做好充分的准备活动。肌肉伸展性和肌肉的温度有关，通过准备活动，提高肌肉的温度，降低肌肉的黏滞性，有利于柔韧性的发展。

⑤在匹克球柔韧素质的练习中，辅助练习者应是有经验的人，切不可随便让不了解情况者给予助力。练习时要动静结合、左右结合、上下结合，刚柔相济，协调发展。

**参考文献**

[1] 灵敏素质 [EB/OL]. https://baike.sogou.com/v73911556.htm.

[2] 王锋. 足球运动员竞技能力系统研究 [D]. 北京：北京体育大学, 2007.

[3] 李霞. 对乒乓球运动员的身体训练与恢复的探讨 [J]. 安徽体育科技, 2008 (5): 61-63.

[4] 闫语. 社会体育中针对青少年乒乓球运动的科学训练监控及训练手段 [J]. 运动, 2014 (21): 36-38.

[5] 对乒乓球运动员的身体训练与恢复的探讨 [EB/OL]. https://max.book118.com/html/2014/0329/7058698.shtm.

[6] 杨婧. 国家女子手球队备战 2010 年亚运会体能训练研究 [D]. 北京：北京体育大学, 2012.

[7] 黄晓华. 技校学生乒乓球身体素质训练思路探讨 [J]. 文体用品与科技, 2015 (16): 171, 208.

[8] 江浩坤. SAQ 训练对小学二年级学生灵敏素质影响的研究 [D]. 上海：上海体育学院, 2020.

[9] 徐思丹. 西安体育学院中长跑少年队体能训练效果研究 [D]. 西安：西安体育学院, 2014.

[10] 盖洋. 中国竞技排球技战术发展特征及体能训练理论体系与实证研究 [D]. 北京：北京体育大学, 2008.

[11] 王超. 对羽毛球专项身体素质训练的探讨 [J]. 科技信息, 2012 (6): 325-326.

[12] 桂姗姗, 伍飞鸽, 王振. 浅谈体育游戏在少儿网球步法训练中的应用 [J]. 金田, 2013 (10): 359.

[13] 庄静. 浅谈网球运动的体能训练 [J]. 体育科技文献通报, 2013, 21 (1): 38-41.

[14] 健身锻炼的呼吸方法 [EB/OL]. https://www.mayiwenku.com/p-3186791.html.

[15] 运动中应正确掌握呼吸 [EB/OL]. http://www.360doc.com/content/13/1221/10/13588644_338861517.shtml.

# 第五章　匹克球训练的卫生与营养补充

## 第一节　匹克球训练的卫生

### 一、匹克球训练与体育卫生

百度百科对"卫生"的释义为：①能预防疾病：不乱倒垃圾，卫生，文明；②符合卫生要求的状况：养成卫生习惯。"卫生"，从构成上说，是一个动宾结构的词组。"生"为名词，即"生命"或"身体"；"卫"为动词，即"保卫"。"卫""生"组合成词，本意即为"维护生命"或"保护身体"。当把"卫生"看作名词时，其意义则转变为"维护生命或保护身体"的行为，或"维护生命或保护身体所采取的一切措施"，包括预防和治疗疾病、维护和增进健康所采取的一切措施。在现代汉语中，"卫生"也作形容词，意思是"干净""清洁"，而这正是维护健康的措施之一。在中国传统文化语境中，"卫生"大致有"养生""医药（医疗）""卫生保命""济世救民"等四种含义。

体育运动卫生则是指体育锻炼过程中应采取的卫生措施，目的是保护增进人们的健康，增强个人体质。同时，体育运动卫生不仅能强身健体，还能树立积极健康的心态，达到生理与心理和谐发展。

## （一） 匹克球训练对人体的影响

### 1. 匹克球训练对骨骼、肌肉及韧带的影响

人体进行体育锻炼时，血液循环会加速，能更好地为处于造骨时期的骨组织提供血液供应，使之得到更多的营养物质，加快促进造骨过程进展。在匹克球运动的训练过程中，骨骼承受的压力对软骨板的生长起到一定的刺激作用，能促进软骨板增长，加速骨骼生长。另外，由于是户外活动，日光照射也能促进体内维生素 D 的生成，从而加速骨的钙化，使骨质得到改善，并使骨质更加坚硬。

在匹克球训练过程中，骨骼肌通常会紧张地工作，为了满足肌肉对氧气及营养物质的需求，肌纤维中开放的毛细血管数量可达到安静时的 15～30 倍以上，经常进行匹克球专项训练，还能促使肌肉内毛细血管数量增加。由于骨骼肌长期供血良好，肌纤维逐渐变粗、体积增大、弹性增加，肌肉工作的能力及耐力也会相应地得到提高。经常参与匹克球训练，人体的肌肉重量可达到自身体重的 50%（一般人占体重的 35%～40%）。

长期进行匹克球训练，既能让关节韧带变得更加坚韧、结实，关节自身也更加灵活、牢固。

### 2. 匹克球训练对心脑血管的影响

体育锻炼达到一定训练强度时，心脏的工作负荷增大，会使心率适当增加，血流量增大，全身血液循环得到改善。在心肌得到锻炼，冠状动脉循环也得到改善的情况下，心肌能够获得充分的营养，长期锻炼会使心肌发达、心室壁增厚，从而使心脏体积增大。

北京运动医学研究所通过对参加一年以上常规训练的 14～17 岁运动员检测发现，他们的心脏体积以及心脏的宽径、纵径、横径

都比一般青少年大。训练能使心肌发达，从而增强心脏的收缩力，进而使心脏的每搏输出量增大。研究表明，长期坚持体育锻炼，能够使心肌增厚而使其变得更加发达。通过 X 光片比较可以发现心脏面积超过原来面积的 10% 以上。除此之外，长期坚持体育锻炼可以使心肌糖原含量增加 30%、肌红蛋白增加 35%、心脏摄取血糖能力增加 165%、氧化血乳酸能力增加 260%、组织呼吸增加 37%。另有报告指出，每搏最大输出量，一般男子为 140～160 毫升，男性运动员为 190～200 毫升；一般女子为 100～120 毫升，女性运动员为 150～160 毫升。

### 3. 匹克球训练对呼吸系统的影响

在匹克球训练过程中，骨骼肌运动产生的二氧化碳能刺激呼吸中枢，使呼吸加快、加深，从而促进二氧化碳的排出及氧气的吸入。人体在运动时，呼吸频率可达 40～50 次/分钟（安静时为 12～16 次/分钟），呼吸深度为安静时的 5 倍，每分钟通气量可达到 70～120 升（安静时为 6～8 升）。

经常参加匹克球的训练，能促进锻炼者呼吸系统的发育，提高身体机能水平，主要表现在呼吸肌发达、胸围扩大、呼吸差增大、呼吸深度、肺通气量及肺活量增大以及安静时呼吸频率相应地减慢等方面。

### 4. 匹克球训练对神经系统的影响

经常积极参加匹克球运动的训练及比赛，能让参与者熟练掌握多种动作模式和运动技能，改善主动肌和对抗肌之间的协调关系，提高运动能力和技术水平，促进神经系统机能的改善和发展。在匹克球训练过程中，运动器官完成的各种动作，会对神经—肌肉链接产生相应刺激，令神经系统的兴奋与抑制过程得到增强，使神经系统活动的平衡性与灵活性得到提高，神经细胞反应迅速、灵活且不易疲劳。大量实验表明，一般人群对光、声刺激的反应潜伏期为 0.3~0.5 秒，而经过训练的匹克球运动员仅需 0.1 秒，是一般人反应速度的 3~5 倍。通过积极的运动性休息，可以把因疲劳而降低的视、听感受能力提高 30%，改善大脑的疲劳工作状态，恢复精力。因此，进行适当强度的匹克球运动后，人们会感到精神愉快、思维敏捷，学习和工作效率得到提高。

## （二）匹克球训练的卫生要求

### 1. 遵循系统练习、全面发展、循序渐进和个别对待的基本原则

系统练习是指参加匹克球训练要有计划、有步骤地进行；全面发展是指匹克球队员要兼顾各项身体素质，如力量、速度、耐力、灵敏、柔韧性等，要使上肢、核心、下肢等部位都得到锻炼的机会；循序渐进是指学习匹克球技术要由易到难、运动量和强度要由小到大，逐步增加；个别对待是指训练要因人而异、因时而异，也就是说要根据参加匹克球训练的人当时的身体机能水平和健康状况确定训练的方法和运动量。

### 2. 运用科学的方法进行匹克球训练

在训练时既要达到一定的运动量，又不能过于疲劳，以基础功能恢复为目的的匹克球训练更不宜采用很大的强度和运动量。

### 3. 持之以恒地进行匹克球训练

训练计划要有持久性，只有持之以恒的训练才能取得良好的效果。

### 4. 注意训练后的睡眠和营养

青少年参加匹克球训练要注意保证充足的睡眠和营养，否则训

练甚至可能产生相反的作用。

### 5. 匹克球训练的场地器材必须符合标准

要注意匹克球训练的场地器材必须符合国家的有关标准，特别是青少年要注意尽量不在硬场地（如水泥、水磨石地面）做过多的训练，因为这可能损伤骨骼，影响生长发育。

## 二、匹克球训练与环境卫生

### （一）环境对匹克球运动能力的影响

环境是指直接或间接对人们生活、工作产生各种影响的自然因素和社会因素的总称，环境的好坏对人们生活、工作起着重要作用。匹克球运动与训练的开展与环境密不可分，研究匹克球运动与训练的特点，积极利用和创造有利于匹克球运动与训练开展的环境，科学规避或控制某些不利因素，对匹克球运动与训练有着非常重要的意义。

环境分广义和狭义两部分。通常我们所理解的环境包含了自然环境和社会环境。自然环境和社会环境均与每个人的生活息息相关。事实上，无论是自然环境还是社会环境都与人的生活密切相关，影响着人类的生产生活。人类的很多生产生活活动都是自然环境与社会环境相互作用的结果。环境是人类生产生活的基础和前提，研究和理解环境对于人的影响，对于我们研究匹克球运动和推动匹克球产业的发展具有重要的价值。如何解读匹克球的社会意义与产业价值，依赖于我们对于当下自然环境和社会环境的正确认知。从严格意义上讲，匹克球运动的推广和普及，需要阐明运动与人的关系，我们应该如何有效利用环境，消除和控制某些对于人类不利的因素，从而发挥其本身的价值。

### 1. 气候环境对运动能力的影响

气候环境从狭义来讲大致分为冷、热、适宜三种状态。气候环境对于匹克球运动能力的影响到底是怎样的呢？我们从冷、热两种状态来剖析二者之间的关系。

冷，是具有代表性的一种环境状态。在寒冷的自然环境条件下，人体体感会出现不适。在寒冷的状态下人体的血管会出现收缩，身体的血液循环、新陈代谢效率会降低，血液流动速度降低还会影响皮肤与皮下组织的供血能力，人体肌肉黏滞性增加。在寒冷环境中身体关节灵活性和肌肉的记忆性出现衰退（例如挥拍的速度降低），实践中我们发现冷对于匹克球运动者特别是初级水平的运动爱好者影响较大，但对于运动量大且具有持续性惯性的运动员而言则影响较小。实践研究和监测数据表明，在寒冷环境中经过持久和惯性练习，运动员的身体各神经末梢的血液循环功能会得到强化，可以增强机体的抗寒能力和对于寒冷环境的适应能力。

热，是与冷相对应的一种状态。与其他运动一样，匹克球运动也遵循着同样的规律。在炎热环境中进行匹克球相关的技术动作或体能训练，都会出现出汗、体液丢失等情况，对于一些没有经过热耐力训练的运动员或初学者可能会出现中暑、热痉挛、日射病等症状。在高温环境下进行反复的耐力训练，有助于提高运动员对于热环境的适应能力。我们通过监测发现热耐力训练可以增强导热能力，使血浆量增加，运动心率减慢、每搏心输出量增加等以应对热环境，从而达到身体平衡与自我身调节的作用。在这里需要着重提及的是，在炎热环境中进行高强度、高烈度的比赛前，需要对运动员进行1～2周的热适应能力训练，从而保障人体在比赛时保持稳定的状态，正常或超常发挥自我素质和水平。

## 2. 高原环境与匹克球运动的负向力关系

负向力，是指对物体运动或事物发展起逆行作用或负面效果的力量集合。高原环境最典型的特征是低氧。人作为脊椎动物吸入氧气，再在体内进行新陈代谢，这是生命的基本特征。高原环境中低氧作为一种常态，其本身不利于生命的存在和成长，这是因为低氧环境对人体呼吸循环系统有着致命的损伤性。低氧导致人体血液中的血红蛋白减少，新陈代谢减速导致红细胞携氧能力降低，从而导致人体出现缺氧状态。因此，高原环境中的训练作用是非常大的，可以逐渐提高人体耐力和人的长时间运动能力。

克服高原环境带来的训练障碍，解决办法是梯度型耐力训练。梯度训练是指寻找合适的地理环境，例如从 1000～2000 米，2000～3000 米，3000～5000 米逐级训练，从而让人体得到适应力训练，也避免过度反差的环境带来身体损伤。云南多巴地区因为全年平均气温低，日夜温差大，气候较为干燥，加之具有太阳辐射强的特征，是一个适应训练场地的不错选择。

在缺氧环境下进行刺激训练是各类运动均会采用的一种常规性训练，这一训练也同样适合匹克球运动。依据研究和监测数据的统计分析，在缺氧的环境下，适应训练在 2～4 天内平均呼吸频率每分钟要快 2～4 次，每分钟心率加快区间为 10～20 次，训练的运动能力下降区间在 5%～20%。在适应训练的初期，常会伴随气喘、胸闷、口干、头昏等不适症状。一般在五天左右的适应训练后逐渐减轻并消失，2 周左右身体对于环境的适应力明显增强。

## (二) 匹克球训练的建筑设备卫生

### 1. 匹克球室内建筑设备卫生标准

匹克球可以划分为小球运动类目，其具有较高的室内与室外适应性，故而业余休闲运动建筑设备卫生标准保持必要的采光、通风、照明、适宜的温度即可。但是，针对竞赛和专业级训练，则需要有着严格的执行标准，严格规范的建筑设备卫生标准，是运动员完成专业技术训练与职业竞赛的基本保证与基本条件。参照小球运动测试、调研和分析，归纳了五大核心指标：

其一，环境以安静宽敞、依山近水、绿植富氧环境为最佳，合理避开喧闹区、重度污染区，靠近植被覆盖率高、接近水库水源的地方，拥有良好的空气质量和负氧离子。

其二，场馆坐落位置选择，坐北朝南。坐北朝南，南北通透，可以充分地利用自然光线，并保障室内的空气流通。

其三，人工采光与自然光综合利用。自然光采光系数与指标性采光系数的评定指标，是通用性的评定标准与评定办法。采光系数是窗户面积与室内面积的比例，标准为1∶3～1∶5。自然光照系数是在散射光线条件下，室内与室外的光照百分比（规律上，系数越大、光线越好）。现代工业与照明技术的发展能有效克服自然采光的缺陷和不足，在场馆光照设计中充分利用人工照明设计是应对自然光照不足的重要支撑。一般室内照明不能小于50lx且光线均匀、不闪烁、不眩目刺眼、不产生浓影。

其四，通风设计。匹克球运动场馆必须拥有良好的通风性。良好的通风性取决于建筑物与通风设备的组合配置。在场馆实际建设中可采用门、窗、通风口、空调设备、风扇等进行组合。通风设备的配置可以弥补建筑物本身的设计缺陷，特别是旧房改造性场馆。

其五，室内供暖和室内降温。23~25℃的恒定值是最佳的体感温度和运动温度，保障场馆温度的相对恒定、均匀、稳定对于训练、竞赛都具有直接的影响。在我国地域辽阔，南北、东西温度差异较大，场馆场地建设中采用室内供暖与室内降温设备是十分必要的。

### 2. 匹克球室外建筑设备卫生标准

匹克球室外场地应平坦防滑、无颗粒等小碎石凸起，地面应软硬适中，采用三合土地面的硬度较为合适，水泥地地面硬度较大，长期在水泥地面上打球对关节冲击大。球场四周2~2.5米范围内不应设置任何障碍物，以免撞伤。

## 三、匹克球训练与自然力锻炼

### （一）自然力锻炼的定义与意义

自然力锻炼是匹克球运动不可缺少的有效方法。自然力锻炼是指充分利用自然力（如日光、风力、水、热、冷）锻炼身体内在意志和身体适应性，能有效增强人体体质和促进身心健康，特别是对运动员的适应性训练极具价值。自然力锻炼的积极效用和价值主要体现在如下三个方面：

①提高环境适应能力。通过自然力对于身体的锤炼能提高人体对于冷、热、低氧等环境的适应能力。

②锤炼人体意志力。不同环境和体感的适应性锻炼，能有效提高个人的意志力。

③提高体格素质。由于客观环境的限制和制约，人在不同的年龄对于自身免疫能力和对外界病毒的抵抗力不同。例如，神经系

统、心血管、呼吸、皮肤等都是极为敏感的人体组织，随着年龄的增长、新陈代谢水平的降低出现各种病症，而自然力锻炼能有效提高人体新陈代谢水平，从而提高人体免疫力。

## （二）自然力锻炼的一般原则

自然力锻炼对人体富有积极意义，但是一味的追求自然力锻炼则会对人体机体造成损伤，故而利用自然力锻炼必须秉持"渐进、经常、方式多样化、个别对待"的原则。

### 1. 渐进性原则

应用自然因素刺激身体的强度和时间，都应当遵守循序渐进的原则。如空气浴开始锻炼阶段，持续的时间要短，温度不可太低或太高，以后逐渐增加持续时间，适应温度变化。锻炼最好从夏季开始，因为夏季的气温高，进入秋季和冬季以后，气温逐渐降低，这可使气温对身体的刺激形成一个渐进的过程。

### 2. 经常性原则

锻炼必须经常进行，最好从幼年开始一直坚持到老年。如果时断时续，就不易收到锻炼效果，还可能对身体造成不良影响。

### 3. 方式多样化原则

只用一种方式进行锻炼，身体就只能产生对该种刺激的适应能力。用多种方式进行锻炼，对身体的作用较为全面，可以提高锻炼效果。最好是综合利用日光、空气和水进行锻炼，以提高身体对各种刺激的适应能力。

### 4. 个别对待原则

由于每个人的年龄、健康状况以及身体对各种刺激的感受能力不同，因而在确定锻炼的方式、刺激的强度和持续的时间时，应考虑到每个人的特点，特别是儿童少年。

### （三）自然力锻炼的注意事项

①在剧烈的体育竞技运动、训练活动前后都不适合自然力锻炼，否则可能对体内生理机能产生不良影响。

②人体消化系统是非常敏感的，每日就餐前、就餐后半小时至一小时内不适合自然力锻炼。自然力锻炼是一种抗压性、刺激性和适应性训练，饭前饭后1小时内训练会导致肠胃负担过重，影响消化系统的正常功能，极为容易引起身体的不适反应。

③人体患有疾病或活动限制性疾病的个人不适合做自然力锻炼。此外，过度疲劳等情况出现时也应停止或不得进行锻炼。

④女性群体在生理期内不适合部分自然力训练，如冷水浴、日光浴。

⑤锻炼需坚持适度原则，随时注意自我身体的变化，并做审慎的评估和自我判别。

### （四）匹克球运动与自然力锻炼的结合

匹克球训练结合自然力锻炼能收到更好的训练效果。训练前进行冷水浴或经常在室外进行匹克球训练，都能收到自然力锻炼的效果。

1. **空气浴**

（1）空气浴的价值与作用

空气浴是自然力锻炼的一种方式，主要利用气候、湿度、气流的差异和变化来刺激人体从而达到锻炼的效果。空气浴具有对皮肤、毛细细胞、神经系统、血液循环系统、神经反射系统产生积极刺激的作用，可以有效提高神经系统的兴奋感和反应频率，从而有效改善和提高人体对自然环境的适应力。

气温对机体的作用最大。气温越低对机体的刺激越强，引起机体的反应也越大；而气湿和气流则能加强或减弱气温对人体机能的作用。科学证明负氧离子对于人体具有重要的作用，属于养生健体的重要"养料"。纯洁空气中富含离子，能够对人体神经系统起到改善作用，增强人体内分泌与新陈代谢能力，新陈代谢能力的提高对于人体的消化系统和血液循环系统也具有积极的效用。

（2）空气浴在匹克球运动中的应用

空气浴可以通过肌体的直接感官和刺激来达到锻炼的目标。例如，在温度相对适宜的天气，通过单薄的着装、肢体的裸露，提升肌体的刺激，从而达到锻炼的目的。所以一般在室外进行匹克球训练的队员就不再需要进行专门的空气浴。

空气浴与匹克球训练相结合。依据自身身体素质和体格情况，选在适宜的温度条件下，裸露肢体在室外进行训练或通过匹克球运动进行锻炼。室内锻炼则需要注意通风，可以借助门、窗、通风设备调节室内的温度。

空气浴应由温暖的季节开始，以气温 22~24℃，风速 0.5~1 米/秒，相对湿度 60%~70% 为宜。最初的持续时间不宜太长，开始时可持续 15 分钟左右。以后逐渐延长，每次增加 5~10 分钟，可延长到 1.5~2 小时。

空气浴应在空气清新的地方进行，有雾的情况下不宜进行，因为有雾的空气不清洁。空气浴也不宜清晨在树林中进行，因为清晨树林中的二氧化碳含量较高，对身体不利。

## 2. 冷水浴

**（1）冷水浴的价值与作用**

冷水浴，顾名思义就是利用水的温差对人体的肌体进行刺激性训练。冷水浴在实践中可以与匹克球训练相结合从而达到中和的作用。由于水的导热性大，因此它比空气对人体的刺激强度大。通过水的温度的变化刺激人体肌体的条件反射，从而达到改变人体生理活动的效用。人体最佳体感温度是 20~25℃，偏高或者偏低都会给人体带来刺激。

冷水是具有代表性的一种能对人体神经系统产生兴奋性刺激的物理方法。人体在与冷水接触的瞬间，由人体的肢体触觉系统识别，并通过触觉系统传导神经系统作出条件反射，神经系统在刺激下产生兴奋感，肌体的各组成部分均产生反应。例如，人体呼吸速度加快，心脏跳动频率明显变化、肌体毛细血管收缩、血流速度加快等。相反，温水则起到相反的作用。温水刚好在人体最佳感官温度范围内，人体神经系统因为感官触觉系统活跃性减弱而进入休眠状态，从而降低人体兴奋性，人体体表的毛细血管扩张，组织机能的营养得到改善。

冷水浴通过调节神经系统的兴奋性和灵活性，可以达到调节人体肌体平衡的作用，让人体营养供给、新陈代谢、供血系统处于微妙的平衡状态，最终使人体体质得到显著增强。

**（2）冷水浴在匹克球运动中的应用**

通常意义上所讲的冷水浴有 3 种基本方法：冷水擦身、冲淋、游泳。在实际使用冷水浴的过程中，我们可以遵循如下基本流程和方法，按顺序依次进行锻炼：

①擦拭身体：用吸水性强的和不太柔软的毛巾沾冷水擦身。先

从上肢开始，然后依次擦胸腹、背和下肢。动作要迅速，擦的时间以不超过 2 分钟为宜。擦后随即用干毛巾擦干皮肤，并用力摩擦使皮肤发红。

②冲淋：经过一定时间的擦身锻炼后，就可以用冷水冲淋全身。冷水冲淋可使身体大部分皮肤同时受到冷水的作用，因此它的刺激强度和锻炼效果比擦身大。冲淋身体水温尽量保持不低于 28℃，随后逐渐递减。在冲淋时间控制上成人时常控制在 2 分钟内最为适宜，儿童一般不宜超过 40 秒。在整个冲洗完毕后，我们可以用干毛巾擦拭身体。

③游泳：游泳是刺激强度最大、效果最好的锻炼方式。下水游泳前最好先经过冷水擦身和冲淋的锻炼。开始游泳时的气温不应低于 26℃，水温不低于 22℃。每次持续时间不超过 10 分钟，每天以一次为宜。以后随着锻炼程度的提高，可逐渐增加每次的持续时间。游泳后应将皮肤上的水擦干，并用毛巾摩擦皮肤。在进行冷水浴前和冷水浴后，可适当辅以热身运动。

### 3. 日光浴

日光浴是指利用日光射线对机体的作用，促进人体健康的一种锻炼方法。在我国南方地区，由于气候温暖，日光比较强烈，照射的时间也较长，人们接受日光的机会较多，因此一般不需要再进行专门的日光浴。而在我国北部地区，冬季较长，气候寒冷，日光较弱，而且照射的时间短，人们接触日光的机会较少，因此，有必要进行日光浴锻炼。在进行日光浴时，不宜暴晒，不宜时间过长。在户外进行匹克球训练及比赛时，也应采取适当的保护措施，如在经常暴露的部位涂防晒霜等。

### 参考文献

[1] 环境卫生 [EB/OL]. https://www.doc88.com/p-349809690240.html.

［2］体育保健学［EB/OL］. https：//wenku. baidu. com/view/8e44f20de87101f69e31950e. html.

［3］第二章运动环境与卫生［EB/OL］. https：//www. niuwk. com/p-1630115. html.

［4］浅谈体育锻炼对儿童少年身体的影响［EB/OL］. https：//www. xzbu. com/1/view-6139249. htm.

［5］支炜，李爱萍. 浅谈青少年运动员饮食营养补充现状［J］. 当代体育科技，2013，3（18）：17-18.

［6］如何利用自然力锻炼身体［EB/OL］. http：//blog. sina. com. cn/s/blog_ 636373090100n50x. html.

［7］第二章运动与环境［EB/OL］. https：//www. niuwk. com/p-1424513. html.

［8］张捷，陶源青青. 健康体育之关注运动环境的卫生［J］. 经济研究导刊，2012（36）：335-336.

［9］影响生长发育的因素［EB/OL］. https：//kaoshi. china. com/yishi/learning/1071453-1. htm.

［10］影响儿童少年生长发育的环境因素包括营养［EB/OL］. https：//wenku. baidu. com/view/a34adec09ec3d5bbfd0a7450. html.

［11］儿童少年生长发育的一般规律和青春期发育及体育锻炼的必要性［EB/OL］. https：//www. docin. com/p-46229183. html.

［12］曹雅丽. 营养物质与运动员健康［J］. 安徽体育科技，1999（3）：101-102.

［13］营养与健康［EB/OL］. https：//wenku. baidu. com/view/d9358f7e27284b73f2425025. html.

［14］江声策，孙定福. 满族传统体育珍珠球运动对大学生身体机能影响研究［J］. 西昌学院学报：自然科学版，2011，25（3）：96-98.

［15］李建军，赖炳森. 心灵手巧和手巧心灵——儿童少年体育浅谈［J］. 体育师友，2002（3）：28.

［16］曾鸣. 青少年自然力锻炼研究［J］. 边疆经济与文化，2011（5）：97-98.

［17］郭敏刚，吴雪，陈静. 残疾人心理健康及其与体育锻炼关系研究

[J]. 北京体育大学学报, 2007 (2): 189-191.

[18] 夏书宇, 杨飞, 刘玉茹. 青少年运动员训练与营养问题探讨 [J]. 河南科技学院学报: 自然科学版, 2007 (2): 77-78.

[19] 孙葆丽. 体育和游戏助儿童健康成长 [J]. 教育科学研究, 2010 (5): 63-65.

[20] 百度百科, 卫生 [EB/OL]. https://baike.baidu.com/item/%E5%8D%AB%E7%94%9F/3556257?fr=aladdin.

[21] 体育运动卫生 [EB/OL]. https://baike.baidu.com/item/%E4%BD%93%E8%82%B2%E8%BF%90%E5%8A%A8%E5%8D%AB%E7%94%9F/3945633?fr=aladdin.

# 第二节 匹克球训练的营养补充

## 一、营养素与营养补充

### (一) 营养素的种类与功用

天然原生态食物中所含的营养元素是对人体最有效的生理功效营养素。人体每天都需要摄入适量的营养元素, 如维生素、蛋白质、食物纤维、蛋白质等。这些营养元素我们可以通过食用鸡蛋、牛奶、胡萝卜、糖水等不同的食物获得。所以, 每天的食物搭配非常重要, 每一种食物都具有各自独立的营养功效, 而不同的营养元素又共同支撑了人体日常吸收消化以及新陈代谢的基本能量。

1. 蛋白质

蛋白质由氨基酸构成。食物蛋白质中的氨基酸有 20 多种, 其中 8 种（儿童期 9 种）是人体内不能合成，或合成甚微不能满足生理需要，但又是维持机体生长发育所必需的，这些称为"必需氨基酸"。其他氨基酸在体内能合成，不是必需由食物中摄取的，称为"非必需氨基酸"。

蛋白质由氨基酸构成，一个完整的蛋白质结构由 10 种以上不同结构的氨基酸构成，含有全部必需氨基酸的蛋白质，在化学上称为"完全蛋白质"。同样，氨基酸类别不全或只含部分结构种类的蛋白质我们又称"不完全蛋白质"。

**（1）蛋白质的营养功用**

①机体组织的构成组织：蛋白质是构成细胞的主要成分，是生命的物质基础。它是供给机体生长发育、更新和修复的材料，占细胞内固体成分的 80% 以上。

②调节生理机能：酶的催化作用；激素能调节生理功能；血红蛋白与肌红蛋白能运氧贮氧；构成肌纤蛋白；形成抗体；维持渗透压；参与能量代谢等。

③供给热量：1 克蛋白质在体内产热能 4 千卡。蛋白质长期供应不足，可出现浮肿、机体机能下降、抵抗力降低，儿童则身体发育和智力发育迟缓，成人体重下降、肌肉萎缩、贫血等，妇女还会发生月经障碍。

**（2）蛋白质营养价值的评定**

第一，食物蛋白质的营养价值取决于其含量、成分以及人体内消化吸收及机体利用比例等情况。蛋白质是人体不可缺少的物质，我们日常生活中都是从食物中获取蛋白。事实上，不是所有的食材都具有丰富的蛋白质，蛋白质含量越高的食物，其营养价值也越高。在所有的食材中，大豆、肉类、粗粮、蔬菜、水果都含有丰富蛋白质，仅从含蛋白质的量而言，大豆的营养价值最高。

第二，蛋白质的消化率越高，其营养价值也越高。食物蛋白质的种类很多，其消化率也不一样，并且与食物的品种、烹调加工及消化酶的作用有关。植物蛋白质的平均消化率为78%，而整粒大豆的消化率则为60%，低于动物蛋白质的平均消化率92%。大豆作为一种富含丰富蛋白质的食材，其烹饪的方法多种多样。为了保证大豆的消化利用率，可以将大豆加工成豆浆、豆腐，数据研究统计表明其利用率可以达到90%。大豆这种食材高温煎炸是最不可取的方法，对于利用蛋白质而言，高温破坏了氨基酸的机构，从而也就降低了其营养价值。

第三，蛋白质的营养价值还取决于蛋白质在体内真正被利用的程度，即蛋白质的生物价值，也就是取决于蛋白质中所含的氨基酸类别，以及氨基酸在各个蛋白质中含有比例。通常意义上，氨基酸构成比例与人体需求越接近，其利用价值也就越高，对于人体营养摄入需求也就越能满足。

第四，人体所需的蛋白质是具有互补作用的，也正因为这一特征和特性，我们可以通过互补作用提高蛋白质的营养价值。不同的食物具有不同属性的蛋白质，把多种食物混合烹饪食用，可以达到取长补短、重新组合氨基酸比例的作用，氨基酸的重新排列组合可以提高其营养价值，使其能更加接近人体需要，提高了蛋白质的营养价值，这叫蛋白质互补作用。如粮类蛋白质含人体所必需的赖氨酸少，它与含赖氨酸多的大豆或肉类混合食用，营养价值就可提高。

（3）蛋白质的供给量与来源

蛋白质在体内储存甚微（约1%）。过多蛋白质进入人体会增加肝肾的负担，因此，每天供给适量的蛋白质，才能满足机体需要。蛋白质的需要量因人的年龄、生理状况以及蛋白质种类不同而有所差别。处于伤病康复期及生长发育期，需要量相对较高。

我国的供给量标准为：成人每天每千克体重 1～1.5 克。蛋白质供热量占一日膳食总热量的比例为：儿童少年为 12%～14%，成人为 10%～12%。

#### （4）蛋白质与体育运动

蛋白质是人体需求的基本营养物质，也是新陈代谢的核心组成元素之一，与人体的运动、思考、精神、健康密切相关。如果人体缺乏蛋白质，则会出现肌肉萎缩、身体生理机能失调等病症出现。同时，我们不可忽视的是氨基酸在人体运动中为人体肌肉提供能量达到 5%～15%。

力量性训练可使蛋白质分解合成增加，而且合成速度大于分解速度，因而肌肉变得强壮。动物实验表明，运动前后供给蛋白质，对改善肌肉质量和增强力量有良好作用，所以运动员的蛋白质供给量应较高。

### 2. 脂肪

脂肪主要由脂肪酸和甘油构成。脂肪酸可分为饱和脂肪酸和不饱和脂肪酸两大类。在不饱和脂肪酸中，亚油酸对人体最重要。脂肪酸是一种特殊的元素，人体不能通过唾液酶、消化系统分解相关构成元素进行体内合成，必须通过食物、营养液、营养针等方式获取，化学或医学中称为"必需脂肪酸"。必需脂肪酸多则脂肪营养价值高，如植物油。此外，脂肪的消化率和脂肪的维生素含量也是影响营养价值的因素。

#### （1）脂肪的营养功用

①供给热能：1 克脂肪在体内可产热能 9 千卡。贮存在体内的脂肪是体内的"燃料库"，是人体能量的重要来源。

②构成人体组织：脂肪酸是构成人体细胞的重要成分。体内脂

肪还有保温和固定器官的作用。

③其他功用：协助脂溶性维生素的吸收，还有调味增加饱腹感的作用。

**（2）脂肪营养价值的评定**

食用脂肪的营养价值与脂肪酸的种类密切相关，而且脂肪酸的含量也是核心影响因素。此外，脂肪酸在人体内的消化率及其维生素含量也有着一定的关系。

植物油一般含不饱和脂肪酸较多，而动物脂肪含饱和脂肪酸较多，并且容易引起动脉硬化。

脂肪酸的消化率通常与熔点有关。脂肪不饱和脂肪酸含量越多，脂肪的熔点就越低，消化率也越高。如植物油熔点低于一般室温，消化率高，而牛脂、羊脂等熔点较高，消化率低。这里必须要指出一个特例，黄油和奶油是乳融性脂肪，虽然含不饱和脂肪酸比较少，但同样具有较高的消化率。

脂肪中维生素含量越高，其营养价值也越高。如鱼肝油内脂肪含维生素 A、D 丰富，而植物油中含有维生素 E 较多。

**（3）脂肪的供给量与来源**

人体对于脂肪的实际需要量并不高，一般认为每天 50 克就能满足。在一般人的膳食中，脂肪的供给量按热量计算，以占膳食总热量的 20% 左右为宜，不宜超过 30%。在寒冷地区或冬季，脂肪摄入量可适当增加，而在较热的情况下，脂肪供给量应当减少。

摄入过多脂肪对机体不利，它耗氧多，尤其是动物脂肪常导致肥胖、高血脂及动脉硬化等。

**（4）脂肪与体育运动**

剧烈性、高强度、长时间体育运动的主要能量供应来源于脂肪。脂肪的化学反应依赖于充足的供氧，供氧不足的情况下，会出现脂肪无法产生有效化学反应和利用的情况，更值得注意的是会增加体内酸性代谢产物。此外，高脂膳食还可引起高脂血症，使毛细血管内血流缓慢，气体交换功能受到影响。所以，运动员膳食中的脂肪不宜过多。

### 3. 糖

糖又叫碳水化合物。按照分子结构简繁可分为单糖（葡萄糖、半乳糖、果糖）、双糖（蔗糖、麦芽糖、乳糖）与多糖（淀粉、糖原、纤维素、果胶）。

以上各种糖除纤维素与果胶外，都可消化分解成单糖被机体吸收，只是消化吸收的速度不同。假设葡萄糖为100，则半乳糖为110，果糖为43。各种糖的甜度也不一样，假设蔗糖为1，则果糖为1.75，葡萄糖为0.75，半乳糖为0.33，麦芽糖为0.33，乳糖为0.16，淀粉甜度最低。

**（1）糖的营养功用**

①供给热能：1克糖在体内产热能4千卡，糖供热能有许多优点，它比脂肪和蛋白质易消化吸收，产热快，耗氧少（同样氧化1克，脂肪耗氧2.03升，蛋白质耗氧0.91升，糖耗氧0.83升），此外糖在有氧或缺氧的情况下都能分解产热供能，有利于运动。

②维持中枢神经系统的机能：糖是大脑活动的主要能源，脑中无能源储备，全靠血糖供给能量，每天需要100~120克葡萄糖。血糖水平正常才能保证大脑功能。血糖降低，大脑功能受影响。

③构成组织：如细胞膜、结缔组织、神经组织等都有糖参与构成。此外，糖还有解毒和保护肝脏的功用。

**（2）糖的供给量与来源**

糖的供给量依饮食习惯、生活水平和劳动性质等因素而定，我国目前一般人糖供给量占总热量的50%~70%为宜。糖在自然界中分布很广，在粮食和根茎类食物中含量很丰富。动物肝脏中含有糖原，乳制品中含有乳糖，但不多，其他食物含糖更微。

糖以淀粉为主要来源，因淀粉不仅价廉和来源广，而且人体对它无不适反应；淀粉含在粮谷薯类等食物中，摄入时可同时获得其他营养素。其他单糖类如蔗糖摄入过多对身体有许多危害，它与肥胖、糖尿病、心血管病、近视等疾病的发生有关。实验证明，蔗糖比淀粉容易促发高脂血症。因此，国外十分重视减少蔗糖摄入，并已使用甜味剂取代蔗糖。果糖在人体内的胰岛素反应比葡萄糖小，血糖相对较稳定。它作为肌肉运动的能源虽不如葡萄糖及时，但对运动后恢复糖原贮备较有利。

（3）**糖与体育运动**

糖是人体的主要能源。运动时肌肉动用糖原的量可为安静时的20倍以上。运动时体内糖大量消耗，体内糖贮量与运动能力成正比关系。葡萄糖、蔗糖较易引起胰岛素反应，而果糖此种反应较小。我国研究表明，低聚糖对增加糖原贮备，维持血糖，减少胰岛素反应，提高运动能力等有良好作用。运动后补糖可促进糖原贮备的恢复。据研究，运动后即刻摄入果糖对补充肝糖原和肌糖原有良好效果，葡萄糖与蔗糖可使肌糖原贮备在24小时后保持较高水平。

4. **维生素**

维生素是维护身体健康，促进生长发育和调节生理机能所必需的一类有机化合物。它们基本不参加构成组织，也不供给热能，但却对体内代谢过程有重要作用，能促进营养物质的吸收，调节物质代谢和能量转变等。

人体需要的维生素有十多种，按其溶解性质分两大类：一是脂溶性维生素，主要有维生素A、D、E、K；二是水溶性维生素，主

要有维生素 $B_1$、$B_2$、$B_6$、C 及维生素 PP 等。

维生素大多在体内不能合成或合成甚微,在体内的储存量很少,因此,必须经常从食物中摄取。若摄入不足,可发生维生素缺乏症。

维生素对运动员十分重要,研究证明,体内维生素不足会导致运动能力下降,而体内有较高的维生素饱和量则与较高的运动能力密切相关。

摄入维生素必须适量,少了引起缺乏症,多了对机体不仅无益,甚至有害。如果人体主要通过食物摄取维生素,不会造成过量。现将膳食中易缺乏或与运动能力关系密切的维生素分述如下。

(1) 维生素 A

溶于脂肪,易氧化,易受强光与紫外线破坏。

维生素 A 是视紫红质的主要成分,缺乏时暗适应能力下降,导致"夜盲症"。维生素 A 促进生长发育,参与细胞的代谢,维护上皮组织的健康,增强抵抗力;缺乏时上皮细胞角化增生,抵抗力下降。

一般成年人及儿童每天维生素 A 的供给量为 0.8 毫克或胡萝卜素 4.8 毫克。视力要求高、夜间及弱光下工作、皮肤黏膜常受刺激者需要量较高,如射击、摩托车及游泳运动员等。

维生素 A 在肝与蛋黄中含量较多,黄色或绿色蔬菜、水果中含胡萝卜素较多。

摄入维生素 A 制剂过多可中毒。急性表现为恶心、呕吐、嗜睡;慢性表现为食欲不振、毛发脱落、头痛、耳鸣、复视等。

(2) 维生素 D

溶于脂肪,比较稳定,耐高温,抗氧化,受烹调影响小,但不耐酸碱,脂肪酸败可使其破坏。

维生素 D 促进钙和磷的吸收利用，对骨骼牙齿的生长发育极为重要。缺乏时儿童会发生佝偻病，成人发生软骨病等。

成人每天需要维生素 D 为 5 微克，儿童每天需 10 微克。因皮下的 7 - 脱氢胆固醇，受阳光照射后可形成维生素 D，能满足身体需要。故只有在一些特殊情况下，才有必要补充维生素 D（如婴儿、孕妇、结核病患者）。

食物中含维生素 D 较多的有鱼肝油、肝、蛋黄等。

(3) 维生素 E

溶于脂肪，易受破坏，酸败油可使其破坏。对酸、热稳定。

维生素 E 有抗氧化作用，可防止细胞膜的不饱和脂肪酸被氧化破坏，保护细胞，所以与发育、防衰老密切相关；维生素 E 能促进毛细血管增生，改善微循环，有利于防止动脉硬化及冠心病，维护骨骼肌、心肌、平滑肌的功能，缺乏时可引起肌肉营养不良，功能下降；维生素 E 促进新陈代谢，使氧的利用率增加，增强机体耐力，抗溶血性贫血，维生素 E 缺乏时细胞膜溶解，红细胞寿命缩短。

一般人每日供给量为 10～12 毫克。用于特殊保健和治疗，每日不应超过 300 毫克。

维生素 E 在食物中分布较广，不易缺乏。植物性油脂中含量最为丰富，如小麦胚油的含量为 1000～3000 微克/克，棉籽油为 600～900 微克/克，花生油为 260～360 微克/克，大豆油为 100～400 微克/克。

(4) 维生素 $B_1$（硫胺素）

溶于水，易受碱破坏，在酸性环境中较稳定，一般烹调时的温度对其破坏不大。

维生素 $B_1$ 辅助糖代谢，维生素 $B_1$ 在体内形成一种在糖代谢中起重要作用的酶，缺乏时则糖代谢至丙酮酸阶段就不能进一步氧化，从而造成丙酮酸堆积，影响机体正常功能；促进糖原在肝脏和肌肉中聚积，在能量代谢过程中加速糖原和磷酸肌酸分解，有利于肌肉活动；维护神经系统的功能，神经组织所需的能量主要依靠糖供给，维生素 $B_1$ 则保证糖代谢，缺乏时，神经系统机能首先受影响，严重缺乏时，全身机能受到影响。

由于维生素 $B_1$ 对神经组织的营养作用，所以它能提高神经系统的机能，治疗神经系统的伤病以及消除疲劳。维生素 $B_1$ 还有加强胃肠蠕动和消化液分泌的作用，促进食欲。维生素 $B_1$ 对运动员有特殊意义，可以用于提高运动能力和防治过度疲劳。

维生素 $B_1$ 的需要量与机体劳动强度成正比，机体的能量消耗愈大，对维生素 $B_1$ 的需要量愈高。一般每日的需要量为 1.2～2.0 毫克。按热能消耗计算，每 1000 千卡热能需 0.5～0.6 毫克。在过度脑力劳动、高温、缺氧及膳食中糖的摄入量增加等情况下，对维生素 $B_1$ 的需要量较高，运动员的需要量也较高，特别是耐力性项目运动员的需要量更高。

维生素 $B_1$ 的主要来源是粮食。维生素 $B_1$ 多含在谷物的胚芽和外皮部分。粮食经加工后，维生素 $B_1$ 有所损失，加工愈精，损失愈多。此外，在绿叶蔬菜、酵母、肉类，以及动物的内脏如心、肝、肾中都含有。

摄入过多的维生素 $B_1$ 不能在体内储存，多余的则从尿中排出。

(5) **维生素 $B_2$（核黄素）**

溶于水，耐热性强，对酸及氧化较稳定，但易被日光和碱破坏。

维生素 $B_2$ 是体内酶的重要成分，若机体内维生素 $B_2$ 缺乏，物质代谢不能正常进行，则可发生口角炎、舌炎、阴囊皮炎、脂溢性皮炎等病症；维生素 $B_2$ 参与蛋白质的代谢，促进蛋白质合成，对发展肌肉有重要作用。

一般人每天需要维生素 $B_2$ 的量为 1.2~2.0 毫克。运动员，特别是力量性项目运动员的需要量较高。此外，维生素 $B_2$ 的需要量与蛋白质摄入量有关，随蛋白质量的增加而增加。维生素 $B_2$ 在食物中的分布不广泛。动物性食物含量较高，其中动物内脏、奶、蛋含量较多，豆类和新鲜绿叶菜中含有少量。

由于维生素 $B_2$ 在食物中含量较少，所以容易缺乏。

**(6) 维生素 C（抗坏血酸）**

溶于水，性质不稳定，易受碱、热和氧化破坏。在酸性中较稳定。

维生素 C 促进体内氧化过程，使组织利用氧的能力加强，并改善组织的代谢营养，从而提高机体的工作能力；促进胶原组织的形成，保持细胞间质的完整。缺乏时，细胞间质不能形成，发生坏血病，主要表现为毛细血管壁脆性增加，因而易出血，以牙龈出血最常见，此外还有促进创伤愈合及骨折愈合的作用。维生素 C 增强机体抵抗力，促进抗体生成，参与解毒，保护体内酶系统免受毒物破坏，促进造血，能将食物中三价铁还原为二价铁，利于机体吸收。

维生素 C 各国供给量的差异很大，我国规定一般成年人每日 50~60 毫克，儿童为 45~60 毫克。受伤后或患病时，或处于各种应激状态时（高温、缺氧、寒冷、有毒等环境），需要量较高，运动员的供给量一般为每日 100~150 毫克。

维生素 C 在植物性食品中分布很广，几乎所有蔬菜和水果都含有，以辣椒、菜花、西红柿、油菜、白菜、雪里蕻、酸枣、红果等含量较丰富。

但维生素 C 易受储存和烹调破坏，所以，水果、蔬菜应尽可能保持新鲜，或者新鲜消毒后生吃。

### 5. 矿物质（无机盐）

人体内含的矿物质元素种类很多，总量约占体重的5%。其中含量较多的有钙、磷、钾、钠、氯、硫、镁7种，称常量元素。含量较少的铁、碘、氟、硒、锌、铜等，称微量元素。

矿物质对人体十分重要，各种元素都有独特功能，总的可概括为：参与构成机体组织，调节生理机能，维持正常代谢。

人体物质代谢每天有一定量的矿物质排出体外，必须从食物中得到补充，以保持体内的动态平衡。若缺乏矿物质，体内代谢和生理机能会受影响，甚至发生疾病。矿物质摄入过多对人体有害，因此，必须适量。人体需要的矿物质，多数可从正常膳食中得到满足，但有些易缺乏，有的微量元素受地质化学状况的影响，还会发生地区性缺乏。下面介绍营养中易缺乏的矿物质。

#### （1）钙

成年人体内含钙约1200克，其中95%存在于骨骼与牙齿，其余在体液和软组织中。血清钙浓度为9～11毫克/分升，有重要生理功用。成年人骨骼中钙每天有700毫克要进行更新，年龄越小，更新速度越快。因此，钙是较易缺乏的一种矿物质。

钙构成骨骼及牙齿，若缺乏，骨骼牙齿的生长发育和正常状态的维持都会受到影响，儿童会发生佝偻病，成年人会发生骨软化症，老年人患骨质疏松；钙维持神经肌肉的正常兴奋性与正常心律，缺乏时，神经肌肉的应激性增高，肌肉容易痉挛；钙参与凝血过程，有激活凝血酶的作用。成年人的供给量为每天0.8克，儿童少年、孕妇和老年人的供给量应较高。大量出汗使体内钙的排出增加，故运动员的供给量也较高，每天为0.8～1.5克。

含钙较多的食物有虾皮、海带、豆类、芥菜、油菜、雪里蕻等。

食物中钙的吸收利用受一些因素的影响。如蔬菜中的草酸、谷类中的植酸及过多的脂肪等都能与钙生成不溶性钙盐而影响钙的吸收。而维生素 D 和蛋白质则可促进钙的吸收利用。

(2) 钾

钾调节细胞内外的水平衡，体内的钾98%在细胞内，是细胞内液中主要的阳离子，它与细胞外的钠相互作用，维持渗透压，参与能量代谢；钾与糖原合成有关，可促进乳酸和丙酮酸合成糖原；钾与蛋白质合成有关，细胞内蛋白质合成需要钾，钾还促进肌凝蛋白质合成，缺钾可影响机体对蛋白质的利用；钾维持神经肌肉的应激性和心脏的正常跳动，缺钾时神经传导减弱，反应迟钝，血清钾浓度改变可引起心律失常。

因钾广泛存在于各种食物中，一般不致缺乏，故对供给量无严格要求。一般认为成年人每天为 2~4 克，儿童每千克体重为 0.05 克。运动员从汗中失钾较多，若摄入不足可引起慢性缺钾。

钾的主要来源是蔬菜和水果，水果中的钾较易吸收。

(3) 钠和氯

钠是细胞外液的主要正离子，氯是细胞外液中的主要负离子，有维持体内水平衡、渗透压及酸碱平衡的作用；钠能提高神经肌肉兴奋性，缺钠时可出现肌肉无力、易疲劳、食欲不振、心率加快等症状。

氯化钠（食盐）是人体获得钠的主要来源，一般成年人每天摄入量不应超过 4.5~9 克。运动时若大量排汗会导致失钠较多，此时需要额外补充。

(4) 铁

铁是世界性缺乏率较高的营养素之一，它对人体机能与健康有较大影响。

铁是构成血红蛋白的主要原料。缺铁对机体的危害，是由于血红蛋白含量减少，气体运输能力下降，严重者发生缺铁性贫血。血红蛋白含量是评定铁营养状况的常用指标，定期检查，可做到早期发现，及时治疗。

铁的供给量受食物中铁吸收率的影响。铁的吸收率较低，植物性食物中多为三价铁，吸收率多在10%以下，如大米为1%，小麦为5%，大豆为7%。动物性食物的铁为血色素型铁，吸收率比植物性高，瘦肉和肝脏中铁的吸收率最高为22%，鱼为11%，蛋仅为3%。

目前我国规定铁的供给量为：成年男子每日15毫克，成年女子每日18毫克。运动员供给量较高，每日为25毫克。缺氧、创伤等情况下，供给量也应增加。

肝脏含铁最多，吸收率最高，瘦肉、蛋类、豆类、绿色蔬菜含铁也较多。

铁的吸收率受一些因素影响，充足的维生素C和蛋白质可促进铁的吸收。茶叶中的鞣酸可与铁结合，妨碍铁的吸收；膳食中脂肪过多也妨碍铁的吸收。

必要时可通过铁强化食物和铁制剂补充铁，但必须慎重，因为过量的铁在体内积蓄对身体有害。

(5) 锌

锌是体内许多种酶的成分，在组织呼吸和蛋白质、脂肪、糖等代谢中起重要作用，对机体的生长发育有重要影响。缺锌时则引起生长发育迟缓、机能下降。

儿童少年每日供给量为10~15毫克。含锌较多的食物为牡蛎、肝脏、蛋、肉、鱼、干豆、整谷等。

应用锌制剂补锌时应慎重，过量对人体有害。

## 6. 水

水是组成机体的重要成分，占成人体重的 50%~70%，占儿童体重的 80% 以上。其中血液含水 90%，肌肉含水 70%，骨骼含水 22% 等；水参与物质代谢过程，是良好的溶剂，食物的消化、吸收、运输、生物氧化以及排泄等，都需要有水；水还参与体温调节。

水的比热大，在体内使体温容易保持稳定。因此水的蒸发散热（排汗）是调节体温的一种重要方式，蒸发 1 克水可散热 0.54 千卡；水保持腺体的正常分泌，各种腺体分泌物均是液体。

水是机体的内环境的主要成分，必须保持稳定。在正常情况下，体内水分的出入量是平衡的。体内不存多余的水分，也不能缺水。多余水即排出体外，缺水若不及时补充，就会影响机体机能。

人体需水量取决于排水量，人每天摄水量与各种途径排水量应保持平衡。

## 7. 食物纤维

食物纤维是指碳水化合物中一些不能被人体消化吸收而又具有生理功用的多糖类物质，如纤维素与果胶等。

食物纤维促进肠道蠕动，促进排便，可预防便秘，并能减少肠内有害物质与肠壁的接触，有一定的防癌作用；食物纤维可降低血中胆固醇的浓度，可防治胆石症和高胆固醇血症；食物纤维有饱腹作用，防止热量摄入过多，有利于控制体重和减肥。

成人每天供给量为 4~12 克，儿童少年可适当减少。适当食用粗杂粮和蔬菜、水果，不吃过多的精制食品，一般都能满足。含食物纤维量较多的食物有麦麸、鲜豆荚、嫩玉米、草莓、菠萝、蔬菜等。

## （二）营养补充的重要意义

### 1. 人的生长发育离不开营养补充

人的生长发育受遗传、营养、运动、环境和疾病等许多因素的影响，而营养是重要因素之一。有机体在生长发育过程中，若营养不足，其生长发育必然受到影响。研究表明，胎儿的身高、体重与母体的营养状况呈正相关。合理的营养能促进儿童的生长发育。

### 2. 合理的营养补充促进人体健康

营养与健康关系十分密切，合理的营养不仅能增进健康，提高免疫与应激能力，亦可作为防治疾病和康复的手段。但是营养摄入过多或不足也会危害人体健康。如长期热能摄入过多，就会形成肥胖（约 8000 千卡多余热能，就能转变为 1000 克脂肪），还易发生高血压、冠心病、脂肪肝及糖尿病等。

此外，维生素或矿物质摄入过多，也会引起不同程度的中毒症状，而脂肪摄入量与乳腺癌发病率成正相关。如果热量摄入长期不足，体内贮存的脂肪、糖甚至蛋白质也被动用供能，则可引起消瘦、贫血、精神萎靡、皮肤干燥、肌肉软弱、脉搏缓慢、体温降低、抵抗能力下降、水肿、易感染疾病等。近年来，世界各国对营养与癌症的关系做了许多研究。据统计表明，癌症患者妇女 50%、男子 30% 与营养有关。所以有人断言："合理营养可使人的寿命延长 20 年。"

合理的营养，要求膳食必须符合人体生长发育和生理状况等特点，含有人体所需要的各种营养成分，且含量适当，这种膳食可称为"平衡膳食"。此外，还要求食物易于消化吸收，不含对机体有害的物质。

要做到科学地摄取利用食物，充分发挥食物营养作用，达到合理营养，必须要懂得营养卫生知识。

### 3. 营养补充影响人的生理机能

营养可以从神经和体液两方面调节人的生理机能。人脑主要的生长期是出生到两岁。研究表明，营养不良对儿童的智力发育及活动能力有严重影响。动物试验证明，营养缺乏对脑的影响需两代人才能恢复。

体液调节是靠体液中的激素、酶、矿物质和维生素等来完成的。其中矿物质和维生素是直接从食物中摄取，而激素和酶则是由食物中摄取的蛋白质、脂肪、矿物质及维生素等参与合成。所以，营养的好坏对神经体液调节有直接影响。

### 4. 营养补充与体育运动相辅相成

营养与体育运动都是维持和促进健康的重要因素。营养是构成机体组织、调节生理机能的物质基础，体育运动是增强体质的有效手段。只注意营养而缺乏运动，会使人肌肉松弛、肥胖无力、机能减弱；进行体育运动而缺乏营养，体内物质消耗得不到应有的补偿，也会使人体机能减弱，妨碍发育，并可引发营养缺乏症，有碍身体健康。所以，要想使体育运动获得良好的效果，必须有适当的营养保证。

## 二、匹克球训练中营养补充的原则与合理安排

### （一）匹克球训练中营养补充的原则

合理均衡的营养有利于青少年进行科学合理的匹克球训练，享

受匹克球运动带给他们的乐趣和健康。由于匹克球训练要消耗大量的营养物质，因此使得参与者对于营养的需求增多，对于营养质量的要求也相应提高了。然而，目前科学营养知识，尤其是科学运动营养知识缺乏，严重阻碍了这一目标的实现。另外，在缺乏合理营养的情况下进行匹克球训练常常导致青少年在课堂上无精打采，体育运动和学习不能兼顾，因此如何做到给予青少年合理的营养补充以保证其训练、学习和生长发育的共同需要，也成为研究的重要内容。

### 1. 平衡膳食原则

平衡膳食是青少年营养的最基本原则，是保证匹克球训练目标实现的最基本原则。所谓平衡膳食，就是指膳食种类多样化；食物中所含的各种营养素种类齐全，数量充足，但是又不会摄入过量；各种营养素之间的比例适宜；膳食所提供的营养素和热量与身体的需要量保持平衡。

由于每种食物当中所含的营养素以及热量都是不同的，因此要想达到平衡膳食，必须全面摄入各种食物，具体方法可以参考《中国居民膳食指南（2016）》，这是指导人们平衡膳食的一个指导性意见，适合于各类人群。从中国居民平衡膳食宝塔图中可以看到，日常我们所吃的食物可以分为5大类，每类食物的需要量是有一定差别的。

### （1）谷类及薯类食物

谷类及薯类食物包括米、面、杂粮、马铃薯以及甘薯等，主要提供碳水化合物、蛋白质、纤维素和B族维生素等营养素，位于平衡膳食宝塔的底端，因而是需要量最大的。青少年谷类及薯类食物的需要量原则上应根据运动量的大小以及所消耗的热量来确定，但一般来说每天至少需要250~400克，而且谷类及薯类食物所提供的热能应占一天总热能需要量的 55% ~ 65%。

谷类和薯类食物是我国传统膳食的主要组成成分，但是随着人们经济水平的提高，我国青少年目前谷类和薯类食物的摄入量逐年下降，这对于青少年的健康是不利的。谷类食物在加工过程中有一些营养素会丢失，如 B 族维生素，因此在选择谷类食物时应注意粗粮与细粮搭配，而不要长期食用精米白面。

**（2）蔬菜水果类食物**

蔬菜水果类食物位于平衡膳食宝塔的第二层，主要提供维生素、矿物质以及膳食纤维等营养素。足量的维生素和矿物质可以促进青少年的生长发育，还能够增进食欲，促进消化，反之，维生素和矿物质不足则会阻碍青少年的发育，还会引起很多疾病。另外，含丰富蔬菜和水果的膳食可以提供大量的膳食纤维，能够保护青少年的心血管健康，增强抗病能力，甚至预防某些肿瘤的发生。

蔬菜水果种类繁多，营养成分差异也很大，因此需要经常变换品种或者一次摄入多种蔬菜水果，这样才能达到营养素互补的效果。一般来说，青少年每天需要蔬菜 300~500 克，需要水果 200~400 克。蔬菜从颜色上可以分为绿色、红紫色、黄色和接近白色 4 种，青少年每天绿色蔬菜摄入量应占到蔬菜摄入量的一半以上。水果当中维生素含量比较高，而且含有丰富的有机酸和多种酶，能够促进食欲，有助于消化，对青少年的健康大有帮助。因此，蔬菜和水果中含有的营养成分是不同的，对于青少年来说都是必需的，不能用其中的一种代替另外一种。有些青少年不喜欢吃蔬菜，认为多吃些水果也可以，这种观点是错误的。

**（3）动物性食物**

动物性食物包括肉、禽、鱼、蛋等，主要提供蛋白质、脂肪、矿物质、维生素 A 和 B 族维生素等营养素。动物性食物容易消化吸收，食用价值较高。虽然我国目前仍有部分贫困地区动物性食物的摄入量满足不了青少年生长发育的需要，但是大部分城市青少年却存在动物性食物摄入过量现象，这两种情况对青少年的健康都有不利影响。

禽肉、鱼肉、蛋类以及瘦肉是优质蛋白质、脂溶性维生素和矿物质的良好来源，尤其是水产品营养价值比较高，青少年可以适当多摄入一些此类食物，但是要注意轮换吃，不能只吃一种。一般来说，每天需要摄入禽、畜、鱼等肉类125～225克（鱼虾类50～100克，畜、禽肉50～75克，蛋类25～50克）。肥肉尤其是猪肉当中脂肪含量比较高，摄入过多往往容易引起肥胖，还会导致某些慢性病的发生，应该控制摄入量。动物内脏要少吃，但是每周最好有1～2次。蛋类中含有丰富的蛋白质，而且几乎能够全部被人体吸收利用，青少年应该保证每天至少50克的蛋类摄入量，以鸡蛋为例就是每天1～2个鸡蛋。值得一提的是，蛋黄中营养成分的种类和数量要高于蛋清，但是同时含有较多的胆固醇，因此提倡吃全蛋，而不能只吃蛋清或者只吃蛋黄，并且蛋黄摄入量不要太大。

（4）奶制品和豆制品

奶或奶制品中的蛋白质也属于优质蛋白质，消化吸收率都比较高，并且富含钙、磷、钾等微量元素，另外也含有部分维生素。豆及豆制品则主要提供蛋白质、脂肪、膳食纤维、矿物质以及B族维生素等，大豆蛋白是最优质的植物蛋白质。

我国青少年对于奶及奶制品的摄入量比较少，远远低于国外青少年，这也导致我国青少年的钙摄入不足，影响骨骼和牙齿的正常发育。如果是在经济欠发达的地区，可以适当增加豆制品的摄入量，也能在一定程度上起到补充蛋白质和钙的作用。一般来说，青少年每天奶或奶制品需要量至少应达到相当于鲜奶300克的奶类及奶制品和相当于干豆30～50克的大豆及豆制品。不习惯喝鲜奶的可考虑换用酸奶或其他奶制品。

### (5) 油脂类食物

第五层塔顶是烹调油和食盐。油脂类食物主要包括各种植物油和动物油，主要作用是提供能量，植物油还可以提供维生素 E 和必需脂肪酸。应该控制油脂类食物摄入量，每天烹调油不超过 25 克或 30 克，最好选用植物油，尽量不用动物性油脂。另外，蔗糖、食盐等也应该适当控制摄入量，不宜摄入太多，否则容易损害身体健康。食盐每天不超过 6 克。

### 2. 合理膳食制度原则

合理的膳食制度，既有利于营养素的消化吸收，也可预防由于饮食紊乱引起的消化系统疾病。因此，要督促匹克球运动员建立合理的膳食制度。

①进餐时间和次数：匹克球运动员在训练及比赛过程中，机体代谢旺盛，按公斤（千克）体重计算，各种营养素和能量的需要均要高于普通人，但是其中处于青少年阶段的运动员自身发育还未完善，消化系统功能还比较差，因此在饮食调节上要注意这些特点。首先，应保证定时和定量进餐，这样不但能够减轻胃肠道的负担，而且容易促进胃液的分泌，帮助消化和吸收。其次，根据需要可适当增加餐次，但加餐要以不影响正餐为原则，达到既可保证营养又能调节补充膳食的目的，从而防止由于饮食和营养上的疏忽引起的一系列营养问题。

②一日内各餐热量的分配：一般来说，一日三餐的要求是早餐吃好，午餐吃饱，晚餐吃少。早餐热量应占一日总热量的 25% ~ 30%，午餐热量应占一日总热量的 40%，晚餐热量应占一日总热量的 30% ~ 35%。

③饮食要均衡：应均衡地吃多种食物，不要偏食和挑食，因为

世界上没有哪一种食物可以提供人体所需要的全部营养素，应严格按照平衡膳食的原则来安排食物的选择和搭配。

④养成良好的饮食卫生习惯：良好的饮食卫生习惯有利于食物的消化、吸收和利用。进餐时要尽量保证一个轻松愉快的就餐环境，保持良好的精神状态。要细嚼慢咽，不可暴饮暴食。吃饭时不要看书和说笑，不要边看电视边吃饭，不要边走路边吃东西，不吃腐败变质的食物。合理选择零食的种类和合理安排吃零食的时间。注意饮食卫生，饭前要洗手，饭后应漱口。饭前饭后不宜进行训练，以免影响胃的消化功能。

### 3. 个体化原则

合理膳食的个体化原则主要包括两个方面：一是指膳食结构和食物摄入量应与运动员的训练强度相一致，二是指膳食结构和食物摄入量应与运动员自身的营养状况和身体状况相一致。

不同队员的训练强度差别很大，因此在为其安排饮食时要考虑到这个差别。如果食物摄入量过大而训练强度较小，就会导致摄入过多的能量，从而产生肥胖；同样道理，如果食物摄入量过小而训练强度较大，就会导致摄入能量不足，身体消瘦，甚至影响其自身的正常生长发育。匹克球训练通常不会安排在太晚的时间，因此晚餐不宜吃得过多，而应该适当增加早餐和午餐的摄入量。另外，从事大强度匹克球训练的运动员对于碳水化合物和优质蛋白质的需求量较大，应该适当增加主食类食物和动物性食物的摄入量。

不同运动员本身的身体状况和营养状况也不一样，其膳食结构和食物摄入量也应有所区别。例如，有些队员属于体重过高或者肥胖，那就应该适当控制食物摄入总量，尤其是高脂肪的食物摄入量；有些队员属于体重过轻，那就应该适当增加食物的摄入总量，尤其是动物性食物的摄入量，促进肌肉的生长。讲究合理膳食的个体化原则非常重要。一般而言，推荐的三大供能物质的供能比例为碳水化合物占 55%～65%，蛋白质占 12%～15%，脂肪占 25%～30%。

## （二）匹克球训练中的合理膳食安排

### 1. 营养早餐

俗话说，早餐要吃得像皇帝一样，这正说明了早餐的重要性。匹克球运动员的营养早餐最基本的要求就是搭配合理，营养丰富，主要应注意以下几个方面：

一是早餐一定要吃主食。主食摄入不足，一方面会导致能量摄入减少，满足不了运动的需求，另一方面导致糖摄入不足，血糖降低，这直接影响到大脑的能量供应，因为葡萄糖是脑细胞唯一的能量来源。

二是适量补充优质蛋白质。早餐贵精不贵多，对于动物性食物应该选择一些易消化、含优质蛋白质较多的食物，如鸡蛋、牛肉、牛奶等。这样既保证了优质蛋白质的摄入，又不会摄入过多脂肪。煎炸类高脂肪食物或者高脂肪肉类不适合作为早餐食用，因为摄入过多脂肪会导致消化时间延长，脑部血流量减少，进而导致整个上午的反应速度减慢，训练效果差。

三是蔬菜水果不可少。蔬菜和水果一般都属于碱性食物，能够中和主食、肉类、蛋类等酸性食物，避免出现血液偏酸性的情况，血液偏酸性会导致过早疲劳，训练中注意力不能集中，影响训练效果。

总的来说，早餐所提供的能量及营养素应该达到中国营养学会推荐的每日膳食供给量的 25%～30%。早餐的食物种类应包括 4 类，即谷类、肉类、乳制品和蔬菜、水果。判断早餐质量高低的简单方法就是看是否包含上述 4 种食物，如果一顿早餐中上述 4 类食物都有，则早餐质量好；如果食用了其中的 3 类，则早餐质量较好；如果只选择了其中两类或两类以下，则早餐质量较差。

### 2. 营养午餐

按照中国营养学会的推荐，午餐中的热量应该占到全天的40%左右，因此午餐应该是一日三餐当中最丰盛的一餐。

### 3. 营养晚餐

晚餐太丰盛是目前我国居民日常饮食中存在的最大问题，其最大危害就是导致热量摄入超标，引起肥胖，甚至增加胃肠道负担，引起消化系统疾病。

按照中国营养学会的推荐，晚餐和早餐一样，其热量应该占全天总热量的30%左右。在控制食物摄入总量的前提下，可以按照平衡膳食的原则来安排晚餐，具体方法参照营养早餐的搭配。但是，要注意晚餐的就餐时间不能太晚，以免影响晚上的睡眠。

### 4. 科学加餐

中国疾病预防控制中心营养与食品安全所和中国营养学会在《中国居民膳食指南》和《中国居民平衡膳食宝塔》的基础上，参考美国、中国香港的零食消费原则，于2007年8月15日正式出台了《中国儿童青少年零食消费指南》，可以作为青少年运动员科学加餐、合理吃零食的指导性意见。指南中对于零食的定义为非正餐时间食用的各种少量的食物和/或饮料（不包括水）。我们应该对运动员尤其是青少年运动员加强教育，要认识到，零食不能代替正餐，零食只是正餐的有益补充，不正确的零食消费习惯容易引起很多问题。正确引导他们合理消费零食，进行科学的加餐。

### 5. 可适当选用运动营养食品和保健品

对于参与匹克球训练及比赛的青少年运动员，在保证其合理膳食的基础上可以适当选用运动营养食品和保健品，这对提高其身体素质，提升运动状态都具有一定作用，尤其是针对一些体质偏弱的运动员，单纯依靠膳食营养满足不了其改善体质、提高运动能力的需要。我们前面提到过，匹克球训练对于青少年运动员的体质改善具有不可替代的作用，但是在积极参加这项运动的训练过程中，其体内物质代谢以及营养消耗等都与普通人有一定的差别，在合理安排营养补充时要考虑到这个因素。运动营养食品在此过程中可以发挥比较好的作用，能够满足青少年运动员对于营养的需求。

顾名思义，运动营养食品是与运动相关的一类功能食品，近年来运动营养食品发展迅速，可以说已经风靡全球。运动营养食品是一类能够针对性地满足运动人体代谢和生理功能需求的、具有高营养素密度和高生物活性的食品，其合理补充可促进运动人体的健康和运动能力的提高。因此，运动营养食品在本质上属于食品，绝大多数来源于日常膳食，是一些高度纯化和浓缩的营养素，这些营养素在人体内也是存在的，是人体维持生命活动必需的营养素。

只依赖膳食为身体提供营养有很多局限性，如有些食物不容易被人体消化、吸收；高蛋白食物往往是高脂肪的；食物在烹调过程中会损失一定的营养素；仅靠膳食不能方便、及时、充分地为身体补充营养……运动营养食品完全不受这些因素的限制，能够快捷、方便、高效地为机体提供各种营养素。有些运动营养食品还具有特殊作用，例如，促进机体内胰岛素及生长激素释放，促进肌肉合成，促进疲劳的消除等。

运动营养食品和保健食品不能画等号，两者都是功能食品，有交叉的部分，也有不相同的部分，保健食品中只有增强免疫功能、抗氧化功能、改善睡眠功能、缓解体力疲劳功能、提高抗缺氧耐受能力和改善营养性贫血功能6类有可能成为运动营养食品，运动营养食品有些功能是保健品所不能替代的。因此，从运动促进体质健康的角度出发，运动营养食品更适合于青少年运动员食用。

## 三、匹克球训练的营养方案

### （一）制订营养方案的原则

#### 1. 膳食营养改进原则

①膳食营养改进原则要求做到平衡膳食，其中蛋白质供能要占到食物供能总量的 12%～15%，脂肪供能要占到食物供能总量的 25%～30%，碳水化合物供能要占到食物供能总量的 55%～60%，不同身体素质的运动员在膳食上会有一些差异。

②保证足够多的主食摄入（米饭、面包、玉米等），能够提供丰富的糖作为运动中最优质的燃料。

③多选用高蛋白低脂肪的肉类食物，低脂肪、易消化的含优质蛋白质较多的食物是膳食补充的首选，如鸡蛋蛋清、牛肉、鱼肉、虾肉、豆制品、奶制品等。

④多吃蔬菜、水果及豆、奶制品，能给机体带来与能量代谢相关的多种维生素及丰富的矿物质，保证机体的需要。每名队员每天至少应该喝 500 克左右的优质牛奶或酸奶。

⑤一日三餐热能分配要合理。一般来说，一日三餐的能量分配比例大致为 3：4：3，不合理的早餐和午餐将明显地影响到白天训练课中队员的能量供应以及训练质量。

⑥应有适当的加餐，以满足身体对于能量和营养素的需求。

#### 2. 合理补充运动营养食品原则

由于参加匹克球训练的青少年队员有生长发育和高强度训练的双重需求，因此一般的膳食不能很好地满足其营养需求，还应该注意增加一些营养素的摄入以满足身体的需要，加速体能恢复。主要包括以下几个方面：

**（1）适时补充运动饮料**

具体的补充方法为：在运动前喝 150 毫升左右的运动饮料，这样能够延长运动时间，延缓疲劳出现；在训练或比赛过程中，无论是否口渴，每 15~20 分钟喝 100 毫升左右运动饮料对于健康和运动成绩的提高都是至关重要的；运动后即刻就应该补充适量运动饮料，这样可以促进肌糖原的再合成，加快疲劳的消除。一般来讲，为达到最佳补充效果，运动前、中、后补充运动饮料应控制好摄入的时间和数量，不宜一次摄入太多的液体。

**（2）补充优质蛋白质**

①乳清蛋白：每天 25 克左右，运动后或者睡前补充，可以促进肌肉蛋白质的合成以及缩短肌肉酸痛的时间，促进疲劳的消除。

②谷氨酰胺：每天 4.5 克，训练后即刻、睡前或两餐之间服用，每天 1 次。谷氨酰胺是骨骼肌内含量最高的游离氨基酸，具有促进肌肉合成、促进生长激素分泌、促进疲劳消除等多重作用。

③支链氨基酸：每天 3~5 克，分两次餐前服用。支链氨基酸具有氧化供能、参与肌肉合成、预防和减轻中枢疲劳等作用，对于青少年运动员来讲非常重要。

**（3）补充维生素和矿物质**

①复合维生素制剂：每天至少 1 次，以满足运动员对于维生素的需求，否则容易导致维生素缺乏。

②复合矿物质制剂：每天至少 1 次，以满足运动员对矿物质的需求，也可以通过运动饮料来补充。

(4) 针对性地补充运动营养食品

①铁剂：每天补充 1~2 次，铁剂可以促进血红蛋白的合成，有利于提高有氧能力。

②糖肽饮料：每天补充 1 次，每次 40 克左右，补充时间为运动后即刻。大豆活性肽吸收速度比蛋白质和氨基酸还要快，而且具有多种生物学活性，能够有效解决训练后的运动性疲劳问题。

③番茄红素：每天 1 次，每次 500 毫克。番茄红素可以清除训练时机体产生的大量自由基，延缓身体疲劳的出现。

④多功能运动营养食品：将一些青少年运动员所需要的多种营养素组合到一起的多功能运动营养食品，如三健特等，可以解决训练中出现的多种问题，同时满足训练以及生长发育的需求。

合理补充运动营养食品，不仅保证了青少年运动员的健康，还有助于他们以最好的状态去参加匹克球训练和比赛，有助于获得好的运动成绩。

## （二）有针对性的基本营养方案

对于青少年运动员来说，体质达标是一个最基本的要求，也是参加匹克球训练的最低标准。按照《学生体质健康标准》的要求，青少年应拥有理想的身高和体重，具有较好的力量素质、速度素质和柔韧素质，具有良好的心肺功能和耐力素质。

### 1. 促进身高增长的基本营养方案

对于处在生长发育期的青少年来说，身高是生长发育最有代表性的指标。青少年的身高受遗传因素的制约，但是科学的运动和合理的营养也是促进身高增长的重要因素。科学运动能刺激骨骺的软骨分化为骨骼，从而使骨骼不断变长；合理营养可以提供原料，促进成骨细胞分化,使骨骼生成速度加快。

**(1) 膳食方面**

膳食方面主要是增加蛋白质和钙的摄入量,因为蛋白质和钙是骨骼生长的主要原料。在一日三餐中多吃"优质蛋白质",即瘦肉、禽肉、鸡蛋、牛奶、鱼虾类、豆类和豆制品等。

牛奶是首选食品。它含有大量的优质乳蛋白,几乎百分之百能被身体吸收和利用。牛奶中还含有大量能促进骨骼生长的钙,因此能够提供骨骼生长的所有主要原料。青少年每天应摄入 1000～1200 毫克的钙,500 毫升的牛奶中含钙 500 毫克,几乎能满足日需要量的一半。贫困地区的青少年,可以喝豆奶或豆浆,也可以多吃一些豆制品。这样既节约了开支,又补充了优质蛋白质和钙。

**(2) 运动营养食品的补充方面**

①乳清蛋白:乳清蛋白是最优质的蛋白质来源,每天补充 25 克左右即可。补充时间放在运动后半小时内或者睡觉前较适宜。

②钙制剂和维生素 D:保证钙的摄入量,并促进钙的吸收。

重点提示:保证青少年的睡眠时间。人体生长激素水平是决定身高增长的重要因素,而生长激素主要是在睡眠中产生。所以,晚上就寝不应过晚,中午最好有午休。

**2. 塑造体型的基本营养方案**

"豆芽菜"体型在青少年当中并不少见,主要是由于肌肉量过少、肌肉力量差造成的。"豆芽菜"体型的青少年力量、速度等身体素质低下,其结果是不仅体力差,而且容易疲倦。与此同时,免疫力也会受到不同程度的影响,造成抵抗力低,容易患各种疾病。解决方案就是通过适宜的力量训练和科学合理的营养来促进肌肉的增长。

**(1) 膳食方面**

①多摄入一些优质蛋白质，如各种水产品、蛋类、瘦肉类、禽类、奶制品和豆制品等，至少应该占到总蛋白质摄入量的 1/3 以上。

②控制高脂肪肉类的摄入，如五花肉、腊肠、火腿肠等，以免出现青少年肥胖。

**(2) 运动营养食品的补充方面**

适当补充乳清蛋白，每天补充 25 克左右即可，补充时间可以放在运动后半小时内或者睡觉前。

**3. 提高柔韧性的基本营养方案**

**(1) 膳食方面**

全面补充各种营养素，保证均衡的营养摄入。

**(2) 运动营养食品的补充方面**

使用保护关节韧带的营养品：含有氨基葡萄糖、硫酸软骨素、维生素 C 等成分，对韧带等结缔组织具有养护作用，饭后或两餐之间食用。

**4. 提高心肺功能和耐力素质的基本营养方案**

**(1) 膳食方面**

①增加一些含铁比较丰富的食物的摄入，如动物肝脏、瘦肉、豆类、木耳、菠菜等，能够促进血红蛋白的合成，提高血液携氧能力。

②适当增加主食类食物的摄入，可以为青少年从事有氧运动提供优质的能源。

**（2）运动营养食品的补充方面**

①铁剂，市场上的补铁剂种类很多，可以选择使用。

②运动中少量多次补充含糖的运动饮料。运动饮料具有良好的吸收性和较长的能量释放时间，能全面提供有氧运动所需的各种营养素。

## 四、匹克球训练中的饮水

匹克球训练中运动员不仅消耗大量热能，同时也会失去大量水分。机体内的水分减少，会影响正常的生理机能和运动能力。当失水量占体重的4%~6%时，可使肌肉工作能力下降，当失水量为体重的10%时，会引起循环衰竭。所以，运动员应注意补充体内丧失的水分，以保证身体健康和正常的工作能力。失水造成生理机能障碍的主要机制是血容量减少，不能满足机体的需要。机体在运动时需要充分的血容量，一方面是要加强对肌肉组织的血液供应，以保证其物质代谢的进行；另一方面是运动时机体产生大量的热，需要血液将多余的热带到体表散发，以维持正常体温。当血容量减少时，就不能同时满足上述两方面的要求，从而导致机能下降，主要体征是心率加快、体温升高。

所以，在长时间训练中，特别是在夏天，及时补充水分是十分重要的。补充水的方法最好是少量多次，训练中每15~20分钟饮水150~200毫升。这样既可及时保持体内水的平衡，又不增加心脏和胃的负担。一次大量饮水对身体不好，因为大量水分骤然进入体内，可使血液稀释和血量增加，这会增加心脏的负担。此外，大量的水进入胃中，由于不能及时被机体吸收（人体吸收水的速度每小时最多 800 毫升），就会造成水在胃中贮留，稀释胃液并影响消化。若大量饮水后继续训练，水在胃中晃动，会使人感觉不舒服，并可引起呕吐。在开始进行训练前的 10~15 分钟，可适量饮水，以增加体内的临时储备，对维护训练时的生理机能有良好作用。训练后饮水也应采用少量多次的方法。

运动员饮料中的含糖量不宜过高，因为糖的浓度越高，饮料在胃中停留的时间越长，这就影响了水分及时地进入体内。夏天饮料的糖浓度不宜超过 5%，最好是 2.5%。在寒冷环境时，糖浓度可增加到 5%~15%，这可使饮料通过胃较慢、较稳定地供给机体水分和糖，有利于维持血糖水平。饮料中还可加入适量的维生素 C、盐和香精，要做到适口。没有特殊饮料时，清水也能满足机体需要。

总的来说，在训练或比赛的持续时间多于 60 分钟时，饮料对于防止生理机能下降和延缓疲劳发生有显著作用。所以运动员要学会使用饮料，在运动场地应供给饮料。

关于饮料中的矿物质含量，一般认为，持续时间长的项目，体内电解质丢失较多，可使机能下降，应适当补充。研究表明，运动中补充低渗电解质饮料，对维持机体内电解质代谢和降低体内酸度、提高机能和减缓疲劳有良好作用。因此，运动饮料中宜补充低渗电解质饮料。饮料的温度以 8~14℃ 为宜，因为这种温度的饮料通过胃的时间较快。运动员在比赛中饮用的饮料，应是平时所习惯的。

**参考文献**

［1］李铁柱. 昌平实验中学学生体质现状及运动营养干预［D］. 泰安：泰山医学院，2011.

［2］健身增重［EB/OL］. http://www.doc88.com/p-6913810292667.html.

［3］科学健身运动方案［EB/OL］. https://www.niuwk.com/p-2929791.

html.

［4］健身运动处方总结［EB/OL］. https://wenku.baidu.com/view/def3e70003d8ce2f00662379.html.

［5］江华,孙风华. 浅谈运动营养与青少年体质健康［J］. 中国学校体育,2008（5）：80-81.

［6］运动训练过程中常见的营养问题及解决对策［EB/OL］. http://www.360doc.com/content/11/0612/04/3297062_126338871.shtml.

［7］郭静璐,蔺华,赛娜. 冬、夏季运动员日常膳食科学性及合理性的调查研究［J］. 冰雪运动,2014,36（2）：50-54.

［8］郑学军,孙风华. "豆芽菜"的运动营养解决之道［J］. 中国学校体育,2008（7）：74.

［9］周义亮. 浅谈青少年自行车运动员力量训练［J］. 搏击（体育论坛）,2010,2（10）：69-71.

［10］马鸿韬. 鸿韬健身频道［J］. 体育博览,2000（10）：35.

［11］张平. 浅谈投掷类体育考生考前运动营养策略［J］. 田径,2007（9）：56-57.

［12］营养［EB/OL］. https://www.doc88.com/p-5405414499355.html.

［13］平衡膳食与健康［EB/OL］. https://wenku.baidu.com/view/1797abff700abb68a982fb9c.html?edu_search=true.

［14］李铁柱. 昌平实验中学学生体质现状及运动营养干预［D］. 泰安：泰山医学院,2011.

［15］营养、保健、体育锻炼与健康［EB/OL］. https://www.docin.com/p-267786722.html.

［16］江西中医学院运动营养讲稿［EB/OL］. https://www.niuwk.com/p-538204.html.

［17］高晓爱,孙俊生. 浅析少儿营养与运动训练［J］. 天水师范学院学报,2001（5）：95-96.

［18］许玲. 维生素的营养学研究［J］. 体育科技,2004（3）：38-41.

［19］江华,孙风华. 浅谈运动营养与青少年体质健康［J］. 中国学校体育,2008（5）：80-81.

［20］田京发,慈书平,李家德,等. 运动保健专家谈［M］. 北京：人

民军医出版社，2010.

［21］王飞. 普通高校武术公共课教学改革与创新研究［D］. 济南：山东师范大学，2007.

［22］夏书宇，杨飞，刘玉茹. 青少年运动员训练与营养问题探讨［J］. 河南科技学院学报：自然科学版，2007（2）：77-78.

［23］孙风华. 运动医疗站［J］. 田径，2008（7）：58-59.

［24］维生素对消除中长跑运动员疲劳的作用［EB/OL］. https://wenku.baidu.com/view/604c75f4c8d376eeaeaa3187.html.

# 第六章 匹克球训练的损伤与防治

## 第一节 匹克球训练的损伤

### 一、运动损伤概述

运动创伤也称运动损伤,是指由于从事体育运动所导致的各种急性或慢性损伤。比如在运动中,技术错误或肌肉力量不足容易引起韧带、肌肉损伤,严重者甚至会发生骨折或脱位等。运动创伤的发生与运动项目、技术动作、运动能力、运动环境及条件等因素都有密切关系。从广义范围来讲,除了我们一般所认识的体育运动外,国防体育、军事训练及某些与体育运动性质相似的职业,如舞蹈、杂技、武打,音乐演奏员也可能会发生运动损伤。某些特殊职业产生的职业病,也属于运动创伤的范畴。运动创伤是运动医学和骨科的一个重要组成部分,它的基础理论是根据骨科和运动医学的理论发展起来的,但它的诊断及治疗要求更高,它的治疗原则大致与骨科治疗原则相同,但又有别于骨科。它的主要目的是:体育运动中创伤的预防,伤后合理的康复治疗,尽快恢复伤者的运动和竞技能力。运动创伤学的主要任务是:研究运动创伤的发生原因、机制、防治措施、治疗效果以及康复和伤后训练安排等,是运动医学的重要组成部分之一。学校体育教学和运动训练中应当重视运动创伤的预防工作,掌握其发生规律,并采取有效的安全措施,改善运动条件，改进教学训练方法，最大限度地避免损伤的发生，保证体育运动参加者的身体健康，提高运动成绩。

　　运动创伤的发生除了与教师、教练、运动者缺乏必要的运动医学常识，不能很好地进行预防外，不同的运动项目还有其多发病和易损伤部位的特点。从当前我国运动员运动创伤发生的规律看，运动创伤的特点主要以软组织的伤病和慢性劳损为多，急性严重损伤相对较少。这类创伤较轻时，往往是不运动时不痛，活动开后也不痛，对一般人的生活、工作和学习影响很小，很容易被人忽视。但是，对运动员来说，运动创伤造成的影响是十分严重的，因为运动员往往是边训练边治疗，容易造成伤后恢复缓慢、旧伤复发或者诱发新的创伤，这样不仅使运动员不能参加正常的训练和比赛，影响运动成绩，缩短运动寿命，而且严重者还可导致残疾甚至死亡，运动创伤对运动员的生理心理也会造成严重影响，妨碍运动训练的正常进行。因此，必须对损伤发生的原因、特点及规律，加以深入研究，才能制订有针对性的防治措施，为改进体育教学、训练，提高运动训练的水平提供依据，并把运动创伤发生几率及其受伤程度降到最低。

　　在运动创伤的治疗中，骨折、关节脱位或肌肉、肌腱断裂等，易被察觉和重视，但软组织损伤，特别是微细软组织损伤却经常被忽视，一般医务人员也容易忽视软组织损伤的诊断，早期处理及伤后早期功能康复，所以容易导致一些软组织的运动创伤后出现功能障碍，或者发展成为陈旧性损伤，对运动者的日常生活、工作和运动等带来不利影响，而且运动创伤后遗症的治疗效果也相对较差，这些问题必须引起有关方面的充分重视，并采取有力措施予以解决。因此，在运动现场，一旦发生运动创伤，进行迅速而正确的急救处理，不仅对救护伤者的生命、减轻痛苦和预防并发症等具有重要意义，而且可以为下一步治疗创造良好的条件。

## (一)运动损伤的分类

运动损伤分类方法很多,这里介绍3种。

### 1. 按伤后皮肤或黏膜完整与否分类

①开放性损伤,即伤处皮肤或黏膜有破损,如擦伤、刺伤、切伤及撕裂伤等。

②闭合性损伤,即伤处皮肤或黏膜无破损,如挫伤、肌肉拉伤及关节韧带扭伤等。

### 2. 按伤后病程的阶段性分类

①急性损伤,即短时间内突然产生的新伤,如肌肉拉伤、关节韧带扭伤等。

②慢性损伤,即因负荷积累引起的慢性劳损,如跟腱炎、髌骨软化症等。

③急慢性伤,如慢性跟腱炎,突然发生的断裂等。

### 3. 按损伤与运动技术训练的关系分类

①运动技术性伤,即损伤与运动技术训练密切相关,如投掷肘、足球踝等。

②非运动技术性伤,即与运动技术无关的意外伤。

## (二)运动损伤的特点及规律

### 1. 运动损伤的特点

根据有关专家对 2725 例运动损伤发生特点的分析,严重伤和急性伤少，骨折仅占 2.5%，脱位占 0.5%，大多是小伤小病和慢性劳损。这些慢性损伤，有的是急性损伤处理不当，未彻底治愈造成，而更多的是局部过劳造成的劳损伤。这类慢性损伤早期大多不动不痛，初活动时痛，活动开后也不痛，这对一般人来说不会影响生活，而对运动员来说却严重地影响训练计划的完成、运动成绩的提高及运动寿命，并且其病程较长，治疗不易，从发病率看还有其专项特点。

### 2. 运动损伤的发病规律及其防治重点

根据分析看，除各专项及各部位伤有不同特点外，肩、肘、腕、腰、膝及踝等各部位的多发病也不相同。肩部的肩袖损伤占 60.9%，腰部的腰背肌肉筋膜炎占 58%，膝部的髌骨劳损（髌骨软化）占 40.48%，踝部的外侧韧带伤占 55.77%，肘部的内侧韧带伤占 48.48%，腕部的各种腱鞘炎占 43.98% 等。这些发病率高的也多是难治的劳损性伤，故也是防治重点，而且这些损伤与运动技术及人体的解剖生理弱点密切相关。因此，所有体育工作者，特别是体育教师、教练、运动员及医生，为了做好运动损伤的防治，必须了解这些损伤的特点、规律和多发病，以及它们与运动技术、解剖生理弱点的关系。

### 3. 预防运动损伤的重要意义

运动损伤不仅严重地影响训练、比赛及运动成绩的提高，还可能会致残致命，并给人带来不良的心理影响，妨碍体育运动的开展。

## （三）运动损伤的成因

### 1. 运动损伤的基本原因（直接原因）

①训练水平差，即素质训练、专项技术训练、战术训练及心理训练等不够。很多人对素质差及身体训练不全面能致伤的认识不足。从生理学的角度讲，无论哪种训练都是条件反射建立的过程，任何一种条件反射的动力定型不巩固，就会出现失误，就易发生损伤。

②比赛、教学及训练安排不当。

a. 准备活动不充分。b. 不遵守训练原则，如自觉性与循序渐进性、积极性与系统性结合不好等。c. 运动量过大或局部负担过重等。d. 场地、器材、护具、着装等不符合卫生要求。e. 缺乏安全教育和保护及自我保护措施等。

③运动员生理状态或心理状态不良。

④对防伤意义认识不足或缺乏防伤知识。

⑤气候、灯光等环境条件不良。

### 2. 运动损伤的潜在因素（间接原因）

运动损伤的潜在因素指运动员的解剖生理弱点与运动技术的特殊要求，是导致损伤的间接原因，这又可分为两类。

①人体共有的解剖生理薄弱部位。这是指人体正常的结构弱点。如膝关节在半蹲位时，内外侧韧带、肌肉及十字韧带都处于松弛状态，不能很好地维持膝关节稳定，而很多体育动作又要求膝关节在半蹲位屈伸扭转蹬地发力，因此易伤膝。再如人体结构只能适应一般劳动，而专项体育动作则要求人体肌力增大，骨皮质增厚，肌肉韧带的弹性增加等，以适应专项的特殊要求。特别是在体操运

动中，有些项目或动作往往会使上肢负担过重，容易受伤。

②个体差异弱点。这是指异常的个体弱点。如某些人有足副舟骨、"X"或"O"型腿、膝关节及肘关节反张、盘状半月板、高位髌骨、椎骨异常、尺骨过长、踇外翻及内外八字脚，还有韧带过紧或过松等。

## 二、匹克球训练的常见损伤

如果把人的身体比作一部机器，在进化过程中只要能有效地利用身体所具备的技术之力，其25%的效率便会得到很好地发挥。人体的上体占人体总体重的50%，是用有限的骨骼来支撑的。骨骼因不能直接抵抗外来的撞击必须同关节组成一体，起到吸收及减缓冲击力的作用，如此的构造特征遍及全身并发挥其作用。但是，在没有多少肌肉覆盖的胫部、头骨等部位抵御冲击的能力则是非常弱的，这些同人类直立行走的姿势是分不开的。例如，同四只脚行走的动物相比，两只脚行走的腰椎的弯曲部由于腹部内脏的重量，相对承受着很大的压力。由于直立行走时是靠两足来支撑身体，所以两足也需要承受很大的压力。头重大概有7千克左右，在重叠的七小块颈椎的上方，颈椎过度地弯曲和牵拉，非常容易造成损伤。骨骼肌运动损伤产生的原因有先天的遗传，也有因后天的缺陷而形成的。由于先天构造、身体特定部位发育的缺陷等原因都会使匹克球运动员在进行训练时容易受到损伤。

### （一）软组织损伤

软组织是指骨头以外的肌、腱、韧带、关节囊、神经等组织。如果对软组织施加过多的压力，损伤就会发生。匹克球教练员及功能恢复指导者对运动员所受的压力应该有一个明确的认识。

施加在软组织上的力分为压力、张力、剪力三种形式。压力过大时会对软组织产生破坏。软组织对这种压力虽然进行抵抗，并尽可能地接受，但是如果超过一定的限度而不能接受时，挫伤及跌伤就会产生。软组织被破坏并产生血肿，肌纤维因被撕裂而产生肌痉挛。张力主要是指牵拉及伸长组织的一种力量。剪力是指从旁边及平行地切断连接组织的纤维。虽然腱和韧带对张力能够很好地进行抵抗，但是对剪力、压力等就不能做充分的抵抗。强烈的压力可能使挫伤产生，强大的张力及剪力等可能引起各种程度的扭伤（韧带）、肌肉拉伤（肌腱组合）。

## （二）关节损伤

关节是自由活动的可动关节，是由两块以上的骨所组成。活动范围是由固有的构造和形状、韧带的强弱、关节面的压力、关节软骨（椎间盘）的存在及肌肉活动的程度来决定的。

### 1. 脊柱

脊柱在进行着大范围内活动的同时，还连接着肋骨、肌肉、骨盆及头部，同时也起着支撑的作用。脊柱还能够接受外力的冲击并将其分散，在身体移动时也起着不可缺少的作用。防止脊柱发生损伤最为重要的是注意骨盆的活动，在匹克球训练中，通常把力（负荷）传向骨盆、腹肌及胸椎。其中，30%作为压力加之于腰椎，而50%则加于胸椎的下部。

### 2. 肩胛带

肩胛带是指构成肩关节的肩胛骨、肱骨及锁骨。匹克球的运动量很大，因此，经常会发生软组织的损伤。还有，肩关节不是依靠骨结构而主要是以韧带的支持结构来维持的，所以严重的扭伤、脱位也是非常容易发生的。大多数肩的损伤是由肩峰受到从锁骨传递下来的拉力及冲击力而产生的。因此，一般的肩部损伤主要是肩锁关节的分离和脱位。肩部损伤的发生机制为摔倒时手触地，腕关节受到牵拉而发生，这是最为常见的肩损伤。

3. 肘关节

肘关节是复合性关节。复合关节也像其他关节一样只能在有限范围内进行伸屈。强制性的伸展、强制性的过度伸展及冲击力都是造成损伤最根本的原因。如果将肘固定在伸直的状态下，跌倒时用腕和肘作支撑就会发生损伤。还有棒球运动员在掷球时，过度地伸展腕关节也会造成肘的损伤。

4. 腕关节

腕关节进行着各种各样的活动，是身体中最为容易活动的关节。腕关节的损伤经常可以看到，腕关节过度伸展，受到一定的压力时容易发生损伤。

5. 髋关节

髋关节损伤的发生是非常稀少的。髋关节只是在超过可动区域进行活动时会产生损伤。大多数的髋关节损伤也是由于运动员突然变换方向致使股骨的颈部连续地做角度非常大的扭转时所引起的。

6. 膝关节

几乎所有的体育运动，都会给膝关节造成很大的压力，匹克球训练更是如此。从膝关节的构造机制上看，韧带发生损伤的情况是非常多的。膝关节做伸展动作时无论从外侧还是内侧都容易受到外来的压力。膝关节侧方的韧带称为胫侧副韧带，特别是内侧胫侧副韧带最容易发生扭伤及完全性断裂。膝关节的损伤完全是由外力所引起的。

7. 踝关节

这一部位发生最多的损伤主要是扭伤。肌腱与韧带在支撑不充分时，踝关节很容易发生严重的损伤。

## （三）骨损伤

人体的骨头是最不能接受外力直接冲击的，它通过肌肉组织接受外力并缓冲对骨头的直接冲力。因此，在匹克球训练所造成的骨折中，长骨的骨折是最容易发生的。

骨有各种各样的类型，如胫骨支撑着整个身体的重量，桡骨及尺骨则巧妙地做着细小的动作。肱骨及股骨等长骨为不均匀的管状，长轴的各部位受力是不同的。长骨虽有少许弯曲，但也难以接受外力的直接冲击。牵拉长骨会使其变得脆弱。

骨折的大多数原因主要来自骨本身。解剖学上所说的强和弱主要受骨的形状和变化及其变化方向的影响。从弯曲程度和抗破坏能力这两方面来说，空心的圆状体结构比实心的棒要结实。换言之，实心的这一方抵抗力是非常弱的，也非常容易发生损伤。损伤一般发生在外力集中于改变方向的某一点时，致使骨头突然改变形状。长骨的损伤不是发生在缓慢地改变其形状之时，而是发生在突然变化之时。例如，锁骨扭伤时，骨折就会发生在由弯变直的过程中。长骨在牵拉、外力、弯曲、扭拧过程中受到压力而变得脆弱，这些外来压力有单一的，也有复合的，它们成为骨折的原因。例如，扭转骨折就是由于扭拧导致。斜断骨折是因向轴方向加之外力、弯曲及扭拧的复合力而引起的。横断骨折则是由弯曲引起的。

## （四）损伤复发

不良的身体姿态是由两侧的不均衡、骨的异常、异常的骨骼线及运动系统不良等原因引起的，是产生一些重要运动损伤的原因。

匹克球运动是一侧性的活动。长时间训练会使身体的运动侧异常发达，引起身体不均衡的发展，形成不良的身体姿态。这种不均衡是大多数损伤产生的原因。例如，在膝部、腰部的损伤中可以发现骨盆和脚的非对称性，即短腿综合症是造成损伤的原因之一，如果不进行矫正，则会形成慢性的损伤，严重时运动员必须中断运动。身体姿态的不均衡必然会引起各种运动损伤的发生，身体姿态上存有某些缺陷时，必须找医生或者专门的指导者进行诊断，尽快矫正。身体训练原则上以维持两侧的均衡发展来尽量抑制单侧的发展，增强主动肌的同时应增强拮抗肌，在取得全身均衡发展的前提下再进行肌肉力量的强化训练。这样的功能恢复才能使全部的训练计划得到实现。

损伤的复发是匹克球运动中一个重大的问题。严重的损伤虽不会多次发生，但复发程度的加深及频度的加快却是常见的。这主要是由于在功能恢复期间对损伤进行了不恰当的治疗及不重视所引起的。另外，从受伤到恢复前，如果带伤坚持训练，不仅损伤得不到根治，还必然引致复发。忍受疼痛这种不屈不挠的斗志是很值得夸奖的，但认为"这才是勇士的行为"则是非常错误的观点。这样的想法不仅对运动员，甚至对教练员来说也是有害的。忍耐疼痛是一个很特别的问题，不能以个人对疼痛的反应大小来确定损伤的程度。对疼痛忍受力很强的运动员来说，即使在受伤期间也可以参加训练和比赛。但是这么做，只会加重损伤的程度。在匹克球训练及比赛中都会发生非常激烈的身体接触与碰撞，为此，如果体力、肌力不是在同等水平上，体质弱的一方就有可能受伤，这是非常明显的。受过伤的运动员在重返运动场之前，要考虑多种因素是非常有必要的。其中包括受伤的种类、潜在的危险性、年龄及运动员的性格，等等。由于异常外力的多次反复而造成的显微外伤也可以引发损伤，进一步发展便成为能够确认的损伤。

**参考文献**

［1］李燕. 大学生运动损伤风险防范［J］. 宿州教育学院学报，2016，19（2）：159-160.

［2］运动损伤的预防与康复［EB/OL］. https://www.docin.com/p-4091170.html.

［3］体育运动中常见运动损伤的预防［EB/OL］. https://www.doc88.com/p-597542627761.html.

［4］体育运动中常见运动损伤的预防及其处理［EB/OL］. https://wenku.baidu.com/view/a2d5c17e85254b35eefdc8d376eeaeaad0f316da.html.

［5］体育运动中常见运动损伤的预防［EB/OL］. https://wenku.baidu.com/view/d0ba9489bf1e650e52ea551810a6f524cdbfcbd3.html.

［6］许丽. 体育教学中运动损伤的预防［J］. 成才之路，2010（2）：68.

## 第二节　匹克球训练损伤的预防

### 一、运动损伤的预防

几乎所有的体育运动都有可能发生损伤，无论是竞技比赛还是业余体育运动，随着参加次数的增加，受伤的频率也会随之提高。因此，无论以什么形式参加体育运动，对引起损伤的原因及预防方法进行一定的了解是非常必要的。体育运动中的损伤在长时间内都会对运动员产生一定的影响，尤其是对损伤没有得到很好治疗的运动员，在整个运动生涯中都会受到伤病的困扰。在损伤的预防方面，随时注意可能出现的问题、及时停止比赛及训练是非常重要的。否则不能防损伤于未然之中，最后的结果也只能是放弃运动生涯。体育运动中所受的伤病也会影响生活的各个方面，制订适当的预防计划对运动员伤病的减少有很大的作用。

### （一）受伤的频率

在进行体育运动及身体锻炼中没有适当的保护措施会使受伤危险性增高，但是身体的不协调性也非常容易引起损伤。例如，高中的女子比男子更容易发生较严重的损伤，这是因为女子缺乏身体协调性。还有针对有些项目下肢特别容易受伤的特点，在制订预防损伤发生的身体调整计划中必须优先考虑进行下肢的强化训练。

### （二）运动损伤的主要原因

几乎所有的运动损伤都是可以防止的。但是想要进行有效的预防，监督计划的实施与完成是有一定难度的。因为这有很多的相关因素，如运动的积极性、优良的运动器材设备及保养、优秀的教练员、功能恢复指导者及医学专家、体育运动中正确地运用技术动作、体育道德修养、全年的身体调整及自觉地对待伤病等。大多数的体育运动损伤是由上述原因所造成的。但还有一些其他的原因，比如事前调查不足、教练员指导不正确、身体调整不足等。

除了不注意而引起的损伤外，还与运动员自身的健康及训练有关。防止损伤的发生必须要认真地对待其产生的原因。什么样的情况下容易发生什么样的损伤，对此应该有充分的了解，这样才能把损伤控制在最小范围。例如，在气温、湿度等高于标准时，就应该改变训练计划，选择一天中比较凉爽的时间段进行训练。使用有破损的器具会受到伤害，所以在修复前不能使用。制订适合运动员个人的训练计划，并按此来进行。运动员、功能恢复指导者及教练员必须清楚地认识到应该如何做，才能安全地发挥出高水平。以下为运动损伤的主要原因及防治方法。

1. 事前调查不足

找出可能引起损伤的原因是非常必要的。例如，带有由单核细胞症所引起的脾脏肥大的运动员应被禁止参加匹克球训练及比赛。异常肥胖的人或者发育还不成熟的人在参加匹克球训练时受伤的危险性也会增加。如果及时发现了影响运动员的身心健康、身体结构、成熟程度的因素，就有必要采取措施对运动员的活动进行一系列的调整。制订符合运动员自身条件的训练计划，限制运动员的活动范围要从以下的状况来判断。

①从医生那里了解医学上所禁止的事情。

②从教练员那里了解运动员的水平。

③从功能恢复指导者那里了解运动员的伤病史。

④从运动员的父母那里了解运动员的性格。

事前的身体检查，首先核对病历，然后对运动员的健康状况做一个全面检查，主要包括对眼、耳、鼻、咽喉、血压、脉搏、疝气等方面的检查。不仅如此，还必须对骨骼系统从结构到外形进行更为严密的检查。迄今为止，最理想的身体检查是优先检查肌肉力量、关节的稳定性、身体姿态及以往所受损伤的原因等。事先检查会减少诸如肌肉拉伤及挫伤之类损伤的发生。

2. 教练员指导不正确

教练员在运动损伤的预防过程中起着重要的作用，同时还肩负着制订训练计划、带队、管理的责任。尤其在平时的训练中，当医学专家、体能训练教练不在场时，教练员自身则必须具备很高的水平，应该对损伤能够进行适当的处置。但是大多数教练员存在的问题是对运动损伤、功能恢复训练、健身的知识还很欠缺，再加上对运动生理学、科学健身以及如何进行功能性恢复训练等所知不多，对运动精神的理解不足等。在多数的体育项目中，作为基本的运动技术动作应该是，开始时应首先使用下肢的肌肉，而不是上肢较弱的肌肉，这样才不会引起损伤。例如，没有向前上步而挥拍的运动员是非常容易患"网球肘"的。教练员不管是为了提高水平还是使损伤降低到最低程度，都必须把最基本的技术动作教授于运动员，并且还应该加强对生物医学、运动训练学及教练学等专门学科的学习，针对一些技术上的难题还应做深入细致的研究。教练员应该时刻教导运动员要遵守运动场内的道德标准及规则。比赛规则使比赛得以正常进行，并把受伤的危险性控制在最低范围内。运动员犯规及不遵守体育道德，一定程度上可以说是教练员的原因。

### 3. 身体调整不足

为了发挥出高水平而进行充分的身体调整是非常必要的。一般性的身体调整在体育运动中是必不可少的。运动员有必要认识到在进行体育这一独特的运动中，身体要承受非常大的压力。例如，在橄榄球运动中第2排的运动员很容易被对手抱住腰以下部位，所以在平时的训练中有必要加强支撑膝关节的大腿部及踝关节的力量。体操运动员为了抵抗压力，必须具备大腿后部及腰背部的柔韧性。田径运动员为了防止过多使用足部而引起的损伤，应注重开发下肢肌肉的耐力。无论在何种体育运动中，充分合理的身体调整是保证运动员不受伤病困扰的主要手段。在全年中自觉坚持能够预防损伤发生的身体调整计划，是非常有必要的。这也是对各种身体素质，即全身耐力、柔韧性、速度、肌肉力量、耐力、灵敏性及协调性等的开发。运动员健康的管理者应该对运动员的行动及身体状态有所掌握，为了更好地发挥其特长，防止损伤的发生，训练应按照科学的原则进行。训练七原则中的"循序渐进性原则"是预防损伤发生的身体调整计划中最重要的原则之一。在体育运动中，身体素质的发展和提高都与生物学意义上的相适应有关。例如，无论水平多高的运动员，高质量的肌肉力量不是马上就可以得到的。最初给肌肉一定的负荷，使肌肉发达，接着再给肌肉一定的刺激，肌肉力量会更加增强。反复使用这种方法直到运动员达到高水平为止。提高体力必须要遵循渐进的原则，特别是在训练开始时更要注意。强化身体素质计划的失败是在训练初期过多使用了身体的某一特定部位导致损伤而造成的。例如，中长跑运动员的膝关节疼痛、大腿部的疼痛、胫骨前肌腱的疼痛、棒球投手及投掷运动员的肘内髁炎等都属于这一类。

### 4. 使用不适当的防护器具

这一点的重要性仅次于身体调整。能够有效地预防损伤发生的防御手段之一是防护器材的合理使用。像橄榄球及冰球这样的项目，合理地使用防护器具可以保证身体不受损伤。在从事体育运动的过程中，应使用有助于体育运动发展的防护器具。在实际的练习中，应配用同身体状况相符合的质量优良的防护器具。配用质量低下的防护器具是导致重大损伤发生的原因。能够起到保护作用的器具在自行车、壁球等一些体育运动中是非常受欢迎的。在自行车运动中为了保护头部的安全，配戴头盔是非常必要的。壁球运动员为了保护其眼睛不受伤害应使用护眼器具。最近各大体育器材公司都在开发一些安全的防护器具。但是即使是安全的器具，如果使用及配戴不正确也是非常危险的。以教练为首的肩负着运动员健康的人们，在使用时一定要按生产厂家的要求进行。还有一点要注意的是防护器具本身也会引起损伤。例如，现在头盔的材料已由原来的皮质变为塑质，这就意味着头盔已不再是防御性的工具，而是作为一种武器在防守及进攻中被使用，针对这一点教练员及功能恢复指导者应该经常地提醒自己的队员。

### 5. 设施管理的不当

在运动员训练及比赛的场地，非常有必要清除一些不利于安全的危险物。大多数的训练都是在不管场地的好坏情况下进行的，其中必定含有一定的危险因素。应对训练及比赛场地必须进行不间断地监护和管理，检查运动场内是否具备齐全的照明设备、运动场地附近的墙壁和观众席及围柱在撞击时是否设有起缓冲作用的保护垫子等。在同一运动场地内同时进行多种活动时也要特别注意，例如，在同一场地进行排球和棒球的投球训练时应设防护栏或网以防止球横切过来。教练员及功能恢复指导者应留心有危险的器材和设备，感觉要敏锐，要防损伤于未然之中。

### 6. 运动员心理上的问题

研究预防损伤的学者们不仅以动作的解析和生理机械论为基本点，而且认为心理学上的研究也是必不可少的。在职业体育中心理测试已经被广泛采用。运动员自身的情绪及心理状态会影响竞技水平的正常发挥。情绪不稳定的运动员受伤的危险性是非常大的。损伤的预防不仅从医学的角度，还必须从心理上进行。保持情绪稳定是预防损伤的基本方法之一。

### 7. 紧急处置不当及不科学的功能恢复手段

大多数的损伤复发多是由初期处置不当及不科学的功能恢复所引起的。据调查得知，50%以上的运动员一般都于损伤 5 天后出现一些症状才到医院去接受治疗。运动员中有轻视疼痛、肿胀、发硬、不稳定性、关节不能动弹、跛行等症状的倾向。如果有更为严重者向教练员隐瞒伤病而继续训练，结果只能发展为慢性损伤。作为教练员和功能恢复指导者不能营造出一种运动员隐瞒伤病而进行训练的氛围。即使没有这种氛围，运动员由于各种原因对自己的疼痛等症状也有不汇报的倾向，所以作为教练员和功能恢复指导者应注意观察并做到及时发现。教练员和功能恢复指导者在看到运动员身体素质有提高迹象的同时，也应意识到是否会有伤病及训练过度等现象的发生。训练过度及伤病发生的症状主要表现为竞技状态不佳、易怒、跛行、态度的变化、精神不佳、失眠、易患病等。但是因为没有明显的损伤后的疼痛，所以不易被发觉。各种各样的原因都会影响竞技水平的正常发挥。被确认发生伤病后，以下的两个阶段是必不可少的。

①急救员、教练员及功能恢复指导者在伤病发生之时要充分确认、急救物品随时都应该带在身边。特别应针对在运动场地内可能发生严重受伤事故时的紧急处置手段和程序，定期地做一些有关这方面的练习。

②功能恢复损伤被确认后，下一步就要进入能使运动员完全恢复的功能恢复阶段。功能恢复是在医生的指示下，由功能恢复指导者和 PT（Physical Therapist：理疗专家）运用科学方法进行治疗和管理。

## 8. 过早地参加比赛和训练

过早地返回运动场，伤病复发的危险性及引起身体其他部位发生损伤的危险性都是非常高的。是否已经恢复不能单纯凭主观意志来决定，而是要用客观的评价标准来判定。功能恢复的 5 个基本条件为。

①可动区域完全没有疼痛。
②肌肉已具有正常的力量及爆发力。
③从过度紧张的精神状态下解放出来。
④身体机能的稳定性。
⑤从疼痛中解放出来。

以上 5 点缺一不可。能够进行运动，即重返运动场，是由运动员自身、教练员、功能恢复指导者、医生以及通过肌肉力量、爆发力、柔韧性、耐力的测试等客观的标准来决定的。运动员重新参加训练后，为了防止伤病复发必须随时进行监控。

## 二、匹克球训练损伤的预防要求

匹克球运动损伤的发生与其运动专项技术密切相关，因此必须向体育教师、教练员及学员强调防伤的重要性，并使其熟悉这些要求，掌握预防知识和方法。

### （一）搞好素质训练是预防损伤的关键

要获得良好的匹克球训练效果并保证运动员的身体健康，就需要队员有足够的肌肉力量、平衡能力、爆发力、耐力、神经肌肉的协调性、关节的柔韧性及良好的心肺功能等。有了这些良好的素质条件，就能降低匹克球训练中运动损伤的发生率及其严重程度。如关节周围肌肉力量好，除能较轻松地完成动作外，还能增加关节的稳定性，防止关节损伤。关节周围的肌肉、韧带弹性好，是完成大幅度动作的保证。平衡能力是教学训练和比赛中防伤的重要条件。肌肉耐力、心血管及呼吸系统的耐力好则能推迟疲劳，不易受伤。这些素质训练搞得好，就可以有效地防止损伤。

### （二）安排好休息和恢复对防伤至关重要

充足的睡眠对人的精神和健康很重要，它是从紧张训练工作中恢复的转折点。另外，匹克球训练或比赛后的慢跑整理活动，特别是静力牵拉伸展练习等是积极性休息恢复手段，也是消除疲劳和肌肉僵硬酸痛的有效手段，对预防各种急慢性损伤都至关重要。

### （三）消除肌肉僵硬、酸痛是有效的防伤手段

常说的肌肉酸痛、僵硬和痉挛，并出现条索（延迟性肌肉酸痛），往往是肌肉急慢性损伤的前兆，处理不好必然造成肌肉损伤及有关牵拉组织损伤。适宜的静力牵拉伸展、按摩放松、针灸或冰疗都可有效消除肌肉酸痛。

### （四）心理素质和营养保障是防伤的必要条件

运动员对教学训练和比赛进行必要的心理准备，使其处于适宜的应激状态，可以降低损伤危险。研究表明，肌肉紧张的增加是对应激状态的反应，它会降低柔韧性，丧失动作的协调性，使反应变慢。因此，消极的应激不但出不了成绩，而且与损伤的发生率成正相关。

营养包括水的补充在内，可使运动员精力充沛，注意力集中，推迟疲劳的发生。因此，它是运动员健康安全的保证，是在匹克球训练或比赛中都应优先考虑的问题。

### （五）必须提高对防伤意义的认识与防伤知识水平

体育教师、教练员、运动员和运动医生等除提高对防伤意义的认识外，还应组织他们学习防伤知识，掌握运动损伤发生规律及其与专项技术训练、解剖生理弱点的密切关系，才有可能把运动损伤发生率降到最低。

## （六）有条件时应加强医务监督和自我监督

建立保健员制度，注意卫生要求。

## 三、匹克球训练两种常见损伤的处置与预防

### （一）过度疲劳

#### 1. 过度疲劳产生的原因

随着匹克球训练水平的逐步提高，无论是训练的频度还是强度都在增加，正因如此，运动员可能会出现过度训练、过度疲劳的现象。过度疲劳是由于过度训练而引起的，是肌肉及骨骼系统因为受到异常的压力、反复受伤而引起的。身体的组织构造能够经受多大的压力，这种限度也是因人而异的。过度疲劳的产生原因有内因和外因两种。内因主要有下肢排列的异常、肌肉的不均衡及解剖学上的因素。外因主要有训练的不科学、不良的器具和器械、路面等环境的因素。过度疲劳中有80%的发病都集中在下肢部分。过度疲劳现象是从炎症的发生开始的。只有注意观察是否有炎症的发生，并且进行适当的处置才能谈得上预防。炎症是由于多次受到外力的压迫和摩擦、反复异常的压力而引起组织损伤的一种反应。由于内、外的一些原因，肌腱及肌腱结合部、滑液囊、骨髓也会有一些炎症发生。

过度疲劳现象正如前所述，是由于正常压力的反复进行，压力过急、过大的原因所造成的，所以应在这方面加强认识。对炎症的处置就是首先要找出原因，然后消除疼痛，增加可动性以促进治

疗，同时还必须减轻肿胀的程度。

炎症的症状有如下几种：（尿）分泌液贮存器官肿胀；由于血流加快而出现的赤红；血流快速涌向患部出现局部发热；患部有压迫性疼痛；肿胀和疼痛所引起的患部机能损伤。在发现炎症之前就已经发病的例子是非常多的。最初的疼痛和僵硬会随着准备活动的进行而消失，但是持续的运动会再次出现疼痛并且这种疼痛还会逐渐加强。在最初感觉到疼痛时如果不进行充分的休息，疼痛的产生和消失会反复多次交替出现，恢复的可能性也会变得越来越小。疼痛是提示组织已经受伤的警戒信号，感觉到疼痛时应该立即休息。

2. 由过度疲劳所引起的损伤与处置方法

（1）肌腱及肌腱结合部的炎症

肌腱结合部的炎症是不断地对这一部位进行反复压迫而引起的。其结果表现为已有细微损伤及出血部位的周围组织受到刺激而引起炎症。在骨和肌腱的接合部位中，因为纤维性软骨的存在几乎没有血流的通过，其损伤的治疗是非常花费时间的，而且也比较容易发展为慢性病。肌腱结合部的炎症发生在肘、腹股部、髌骨的附近和远距离位置的肌腱结合部、跟腱的踝骨结合部及足底筋膜的踝骨的结合部。这一损伤的症状包括肌腱与骨的结合部的疼痛，轻度的肿胀与机能障碍，肌腱结合部有压迫性疼痛，肌肉收缩时有自发的疼痛。

处置方法：首先进行冷敷后让其制动。在稍微挪动就有痛感的情况下，应用贴膏和绷带固定。如果是急性的，进行热敷后要逐渐活动患部。如果变成慢性的，就应该休息1~2周，局部注射类固醇药物来稳定病情。如果疼痛持续时间很长转成慢性时，应该进行手术治疗。预防措施有：进行适当的训练、使用适合个人情况的器械和器材及提高自己的基本体力。

**（2）滑液囊炎**

滑液囊是指骨和肌腱间、腱与腱间、骨与腱与皮肤间可见的装有液体的小袋。对相应部位施加一定的压力时会产生一定的摩擦，滑液囊则能起到减轻这些摩擦的作用。但是反复受到冲击和刺激就会引起炎症。使用滑液囊上的腱进行反复活动时，炎症也会发生。例如，跟腱周围的滑液囊。这一部分的滑液囊如果发生炎症，引起滑液囊跟腱周围的滑液囊炎内分泌物的储存而出现肿胀及疼痛。特别严重时，表层的皮肤会发红同时有灼热感。滑液囊炎一般都由摩擦所引起，特别容易发生的部位有肩关节、肘关节、髋关节、膝关节、脚踝骨周围的滑液囊。

处置方法：首先在疼痛完全消失前制动，然后对患部进行冷敷，用绷带进行加压包扎。如果这一部分的炎症是因为外部的压迫所引起的，那么，就不能进行加压包扎。肿得非常厉害而且有痛感的情况下，应及时接受医生的诊断。通常都是在损伤发生 24 小时之后再进行热敷，伤病被延误时，也可手术治疗。损伤发生后，最为科学的方法就是听从医嘱，进行适当的处理。

**（3）骨膜炎**

小腿的骨膜炎是由于在硬质的地面及垫上进行激烈训练、用足尖跑步、技术及器械的不完备所引起的过度疲劳的损伤。还有因为足弓的偏斜、内八字脚等足部构造上的异常所引起的。其症状为活动时小腿的深处有痛感，进行激烈运动时疼痛会成比例地增加。在小腿的前面与内侧之间也有部分的压痛和肿胀。

处置方法：首先要制动，不要对患部施加压力。一般在开始时采用冷敷，然后进行热敷。如果制动和温热疗法都不能使疼痛减轻，就应该立刻去看医生，确认是否发生了疲劳性骨折。其后的治疗也应该按照医生的指示来进行。预防措施有为了缓和对小腿的压力应该避免在硬质地面和垫上进行训练，应该使用合适的器械，特别是要穿缓冲性能良好的运动鞋。对跑步的技术性指导也是非常必要的。

（4）肌肉的炎症

过度使用肌肉时会产生热量而引起超热量现象。如果继续进行活动，肌肉能量贮存完全燃烧后就会引发炎症。一般多发生在大腿、背部、肩胛骨、腓骨等部位。肌肉的炎症表现在肌肉收缩时会发生疼痛。肌肉强烈收缩及反复进行，都会使疼痛增加，有痛感的肌肉会发生聚筋及痉挛现象。

处置方法：减轻运动量让肌肉得到休息。初期采用冷敷的方法，其后进行温热疗法，逐步地活动肌肉。

（5）肌腱与腱鞘炎

肌腱与腱鞘进行反复的运动时受到机械性的刺激而发生炎症。肌腱炎与腱鞘炎是最难治愈的损伤，因此，训练中如果有痛感及肿胀应立即相应性地减少或停止活动，以防止转化为慢性症。肌腱与腱鞘炎的发生多在跟腱上，在股二头肌长头腱、冈上肌腱、手及足的伸肌腱上也有发生。腱鞘炎发生的初期是在运动中及运动后会出现疼痛、有捻拨似的声音发出。同时也有机械性的损伤发生，拍X光时可见患部有肿胀和钙化现象。

（6）疲劳性骨折

疲劳性骨折是过度疲劳的重要损伤之一，主要发生在胫骨、腓骨、跖骨。疲劳性骨折的产生是由于正常情况下加力及强大力量的冲击而引起。突然发生症状的时候居多，发病一周后只在运动时会产生疼痛，休息后疼痛也会消失。但是进行激烈运动时疼痛也会加强，即使停止运动也还会有钝痛的感觉。在患部有肿胀和压痛，但是在最初的 X 光检查时疲劳性骨折不易被发现，所以如果还有异常的感觉，在 2~4 周后再到医院进行 X 光的检查是非常必要的。初期确定诊断时要进行骨 CT 及 MRI 的检查。

处置方法：疼痛消失之前要制动，X 光检查后如果有异常发生，用石膏进行固定，行动时要使用拐杖。疲劳性骨折的预防是非常困难的，在选用合适的运动鞋和用具的同时，选择适合运动员个人的运动处方是非常有必要的。

## （二）跑步损伤

### 1. 跑步损伤的原因

**（1）跑步的技术动作不正确**

人的身体在正常的状态下是不会有疼痛的。有某种异常疼痛的运动员几乎都是因为他们跑步的技术不正确所造成的。如何建立正确的技术动作、如何恢复正常的状态，腿、足损伤的预防是非常必要的。

**（2）身体姿势与体重的分布不正常**

两只脚各支撑着全身 50% 的体重，这 50% 的体重是由踇指球、小趾球、足跟三点所支撑。也就是说，全身的体重由身体中的六点所支撑。腿、足有异常的运动员其体重支撑点的分布一定是不正常的。

足部有内侧纵弓、外侧纵弓、横弓、跖骨骨弓。足弓由三点支撑，形成拱型的足弓。足弓上缘的胫骨，担负着 50% 的体重。从上方加重时各足弓向纵横扩展，分散重量后吸收，把脚抬起时足弓又恢复到原来的位置，起到弹簧的作用。这种弹簧的作用在三点支撑时非常强，但是却不能使用。

### 2. 跑步引起的损伤

**（1）足底筋膜炎**

如果使用踇指着地，踇指侧的足底筋膜受到张力，被踇指侧足跟所牵引，由此引发炎症。有的部分甚至会发生脱落、断裂。在匹克球运动员中也能看见足底中央部及外侧的断裂，其原因同肌肉拉伤非常相像。足底筋膜处在缩紧的状态时，突然伸展所需要的张力会使其断裂。发生以上这些现象都是有原因的，患有足底筋膜炎的运动员几乎都是用足尖，而不是以足跟、踇指然后过渡到小趾为支撑点的正确姿势来完成跑的动作。

足底筋膜炎的对策是改善、提高足底肌肉的柔韧性。但是在无体重的情况下是不可能治愈的，所以在正常的状态下进行恢复是非常必要的。

**（2）外踝及内踝周围的肿胀及疼痛**

外踝及内踝的周围有能使足踝伸屈的肌腱通过。在内踝的后方是后胫骨肌腱。特别是有意识地使用踇指着地的运动员因为过度使用其后胫骨肌，致使其腱发生炎症。另外，外踝的后方有腓骨肌腱。用小趾着地或用足尖着地的运动员，因为着地方法的不正确，腓骨肌腱会出现肿胀和疼痛现象。半数以上的运动员因为不能用正确的方法着地，出现 O 型腿和 X 型腿，致使体重都集中在小趾上，因而也就形成不了正常的三点支撑。

**（3）由胫部引起的各种疼痛**

由胫部引起的疼痛各种各样。其中之一是前面所讲的像胫骨后肌肉一样的足尖、趾尖带动肌肉的结合部分的筋膜、骨膜，还有肌肉的其中某一部分会发生过度疲劳。骨头被施加了过度的压力同样会引起疲劳性骨折。过度使用肌肉，骨膜及筋膜都会受到刺激。在急性发病阶段，正确判断何处受到过度压力是非常困难的。所以，出现胫部疼痛的运动员，胫、腓、大腿部的肌肉都已处于疲劳状态。引起各种疼痛的原因之一还有腿部的超重负荷。如果两脚各承担体重的50%，正常的状态下，骨盆也是相对安定的，但是骨盆如果向其中一侧倾斜，内收肌就会发生收缩，这样左脚的体重负担过重，右面的骨盆就会下沉。因此，保持正常的体重支撑点不被破坏是非常重要的。

### （4）膝关节周围的疼痛

膝的疼痛几乎都是由大腿部肌肉的过度疲劳引起的。在跑跳中过度使用股四头肌中间的股直肌，在髌骨的上端和下端会有疼痛出现，多发生在中部。中部出现的疼痛主要是过度使用股直肌而造成的，髌韧带的内侧及外侧也有痛感。过度使用大腿部的内侧肌肉，其内侧就会出现疼痛。相反地，外侧的肌肉过度被使用，其外侧则有痛感。从这里可以看出，膝周围的疼痛是由大腿部内侧和外侧肌肉的不平衡造成的。

### （5）鹅足炎

鹅足炎是膝下方内侧部分疼痛。鹅足的肌肉收缩时膝屈曲，但是肌肉群强烈活动时胫骨牵向内发生扭曲。着地脚向外侧的运动员非常容易患鹅足炎。鹅足炎是由于鹅足肌肉的过度疲劳、鹅足结合部被牵拉所引起的炎症。腱及骨头的结合部有疼痛的情况出现时，即使采用助跑治疗法，效果也不会明显。减缓由于过度疲劳所引起的肌肉僵化，让大腿放松可使疼痛消失。

### （6）髂胫韧带炎

脚的外侧负重情况下髂胫韧带受外力压迫。这时体重落在脚的外侧状态时，膝反复进行伸屈，致使髂胫韧带与股骨外上髁发生摩擦引起髂胫韧带炎。从根本上说是使用方法不正确造成的，所以只要恢复到正常状态问题就能解决。主要是股部外侧和内侧的肌肉，还有同其中间肌肉的平衡问题。由于过度使用髂胫韧带及外侧的能使膝关节弯曲的腘肌，致使膝外侧出现疼痛。增强这一肌肉群的柔韧性是防止膝损伤的关键。

### 3. 跑步损伤的预防

跑步损伤的预防主要是保持肌肉的柔韧性和左右活动的对称。身体的对称性如果被破坏就会出现异常现象。发现有异常现象的最简单方法是看身体是否倾斜。首先，双脚分开同肩幅一样宽站立，膝稍微弯曲；其后，向上垂直跳，全脚平着落地。全脚落地时，踇指球、小趾球、足后跟三点支撑的同时吸收冲击力，这种正常的着地方法最能起到缓冲的作用。全脚落地时的声音实际上只能听见一次，但是胫骨张开、足踝僵硬的运动员落地时的声音一定可以听见两次。也就是说，从足尖开始落地，接着才是足后跟落地，这主要是由平常跑步的不良习惯形成的。例如，用足尖走上一个小时，会出现腓骨疲劳、胫骨张开的现象。反复跳跃落地时，还会出现两脚的位置一前一后的现象，最为严重的情况是一次的跳跃也会出现相同情况。以上这些情况表明骨盆已经发生了倾斜，同跑步时手臂的摆动也有一定的关系。摆动的不平衡或只强调一侧手臂的摆动，都是损伤发生的原因。正确的姿势是一侧的手臂向前摆动时，相反的膝向前摆动。手臂不向前摆动时，膝也不会摆动。有意识地向前摆动、肘向后引的摆动这种不良习惯会使步幅发生改变。这样的情况下，会出现只有左脚向前迈出，而右脚却只迈出一点，腰总是处在歪扭的状态下。对运动量很少的运动员来说几乎没有影响，但是，随着运动量的增加，腰、骨盆、髋关节的根部及其双足都会出现疼痛。

**参考文献**

[1] 徐希国，李浴峰. 药械冲和治疗软组织损伤［M］. 北京：人民军医出版社，2007.

[2] 解勇，侯乐荣. 备战北京奥运会的运动损伤康复体系思考［J］. 成都体育学院学报，2008（3）：66-68.

[3] 李广周，黄健. 体育教学中常见运动损伤的现场处理［J］. 重庆三峡学院学报，2001（S1）：192-193.

[4] 于源军. 军事体育训练伤有效预防的方法研究［J］. 军事体育学报，2015，34（3）：70-71.

[5] 汪学红，陈骞虎. 跆拳道运动员膝关节运动损伤的预防对策研究［J］. 科协论坛（下半月），2010（10）：57-58.

# 第三节　匹克球训练损伤的救治与恢复

## 一、常见急性运动损伤的急救

运动损伤的急救及早期处理是非常重要的，及时合理的急救，不仅对救护生命、减轻痛苦和预防并发症等具有重要意义，而且可以为下一步治疗康复打下良好的基础。反之则有可能加重损伤导致感染，甚至致残致命。

### （一）出血与止血

出血分内出血与外出血。外出血在伤口处可见，内出血在组织内、体腔及器官管腔内。按破损血管又可分为动脉出血、静脉出血或毛细血管出血。临床所见多为混合性出血。止血的方法有如下几种。

### 1. 抬高患肢止血法

将出血肢体抬高超过心脏水平线,降低出血处的血压以减少出血;还可加快淋巴液和静脉回流,起到防肿消炎作用。

### 2. 压迫止血法

压迫止血法是最有效最常用的方法。除大动脉破裂外,直接压迫止血可使血管闭塞,产生防御性血栓血块。用手压或加压包扎皆可,而且加压包扎也用于组织内出血。

人体主要的指压止血点有 6 个:指压耳屏前的颞浅动脉可止同侧前额和颞部出血;指压下颌角前的颌外动脉可止颌上、眼及面部出血;指压锁骨中点上方的锁下动脉可止肩与上肢出血;指压甲状软骨外 1 寸处的颈总动脉可止颈、口及咽部出血;指压肱二头肌内侧的肱动脉可止前臂及手部出血;手掌或指压腹股沟中点可止下肢出血。

## (二)绷带包扎法

及时正确的包扎能起到保护伤口、压迫止血、支持伤肢、固定敷料和夹板的作用。包扎时一般从远心端向近心端,包扎动作要柔和,不要碰伤处,包扎松紧要适宜,包扎结束打结或用粘膏固定。

包扎的基本方法如下。

### 1. 环形包扎法

适用于粗细均匀处,如额部、手腕或踝部等,以及其他包扎方法的开始及结束时。开始包扎时将绷带头斜放,用手压住带头,将绷带绕肢体扎一圈后,再将带角反折过来,继续包扎 3~4 圈即可。

2. 螺旋形包扎法

用于包扎肢体粗细差不多的部位，如上臂、大腿下段等。包扎开始同环形带，然后绷带向上斜形缠绕，后一圈盖住前一圈的 1/3~1/2。

3. 转折形包扎法

用于包扎肢体粗细差别较大的部位。包扎仍以环形包扎开始，绷带向上斜行时，用拇指压住绷带下缘，将上缘反折向下，反折处避开伤口处，后一圈压住前一圈的 1/3~1/2，每圈转折线应互相平行。

4. "8"字形包扎法

①从关节部开始环形包扎，然后将绷带斜形上绕关节上方一圈，再下绕关节下方一圈，两圈在关节凹面交叉，反复进行，每圈压住前一圈 1/3~1/2，最后在关节上方或下方打结。

②从关节下方开始环形包扎，然后由下而上再由上而下反复包扎"8"字，逐渐靠拢关节中部，最后以环形包扎结束打结。

5. 三角巾悬臂法

①上悬臂带：用于前臂伤，先将三角巾顶角放在伤肢肘后，一底角放在健侧肩上，肘屈 90°放三角巾中央，下方底角上折包住前臂，在颈后上方两底角打结。再将肘后顶角折在前面，用别针固定。

②前悬臂带：用于锁骨和肱骨骨折。先将三角巾折成宽带，中间放在伤侧前臂下 1/3 处，两端在颈后打结。

## （三）骨折的临时固定

骨折时常可通过了解、观察及检查做出初步诊断。骨折处可出现肿痛、血肿及功能障碍。非移位骨折或骨裂可有震痛或传导痛，移位骨折或复杂骨折可有畸形、骨擦音、假关节活动或开放骨折。骨折都可用 X 光检查确诊。骨折还可合并血管、神经、肌肉等伤。青少年可出现青枝骨折及骨髓损伤。

急救处理时，为暴露伤肢可剪开衣服，避免强脱衣而加重损伤和伤员痛苦，有伤口时应先消毒止血包扎（严禁将露出伤口的骨片送回），然后临时固定，特别是大腿或脊柱骨折应就地固定再搬运。固定夹板或代用品长度应超过伤部的上、下两关节，夹板上要垫棉花，以防压伤或磨伤皮肤。绷带缠在骨折处的上、下段。四肢固定时露出指（趾）端，以便观察肢端是否发冷或青紫，据此来调节绷带的松紧度，固定后肢体要保暖，然后送医院进一步处理。固定是为帮其愈合，但也会带来肌肉萎缩、关节僵直及周围软组织粘连等，应尽早采用等长收缩练习、电刺激和功能锻炼等，以防止或减轻上述不良后果。

## （四）骨折的急救搬运

脊柱骨折或脱位在运动中虽不多见，但其后果严重，如果救护搬运失误，可造成截瘫甚至危及生命，因而对这类伤适宜、正确和及时地搬运是关键，故须特别注意。

### 1. 颈椎骨折或脱位

如果伤后运动意识丧失，则必须按骨折脱位处理。首先保持呼吸道畅通，头部保持正中位，绝不能将颈置于屈、伸姿势，然后安放在硬板上。颈两侧可用沙袋或衣服固定，防止头颈的旋转摇动。

### 2. 胸椎骨折

千万不能让病人弯腰，应将病人在摔伤的卧位姿势下抬上硬板担架，两侧同上法固定，不让摇动。

### 3. 腰椎骨折

托起头、肩、臀和下肢，将伤员平移在硬板担架上，最好俯卧位，绝对不能使脊柱弯曲，加重伤情。同上述方法固定。最后将伤员送往具有神经外科治疗条件和能力的医疗机构处理。

## （五）脱位急救

根据一般损伤统计，肩关节脱位最多，占全身关节脱位的50%，其中95%是前脱，而且50%~70%发生在30岁前。

青少年因关节脱位后处理不当有80%~90%可继发反复脱位。所有关节脱位或半脱位都可引起周围关节囊、韧带、肌肉、神经和血管等不同程度的损伤，还可伴有骨折，青少年还可出现骨髓损伤等，处理时应引起足够重视。

关节脱位的征象主要有剧痛、肿、功能丧失及畸形。肩关节脱位可出现"方肩"。肘关节脱位时肘后三角改变，如肘关节后脱时鹰嘴向后突出。

肩关节脱位时将伤肢肘屈90°用三角巾悬挂前臂。肘关节脱位时不能屈伸肘，只能使伤肢靠近躯干，用夹板或纸板固定，三角巾挂前臂。然后送医院处理。

如有条件，应尽早复位为好。复位后限制局部活动范围，保护关节，并尽早开始功能锻炼，加强周围肌肉力量来稳定关节。

## 二、匹克球常见运动损伤的救治

### （一）开放性软组织损伤

擦伤是皮肤受摩擦所致的皮肤黏膜伤，这是外伤中最轻又最常见的一种。轻度擦伤用2%红汞水、1%～2%龙胆紫或0.05%碘溶液涂抹，不需包扎即可痊愈。但面部最好不用龙胆紫。关节附近最好不用干燥法，否则影响运动或运动时伤口再裂，且一旦感染易波及关节，最好用抗菌素软膏涂敷，也可用生理盐水冲洗消毒，然后敷以凡士林油纱布包扎。擦伤应先清除创面后再敷凡士林油纱布包扎。

撕裂伤、刺伤、切伤等，皮肤都会有不同程度的规则或不规则的裂口，这三种伤虽然各有特征，但病理大致相同。早期处理主要是清创、缝合和抗破伤风。新伤一般在6～12小时内应先用生理盐水洗刷，然后剪去伤口边缘的糜烂部分或坏死组织；伤口内有异物者应尽量清除；切记可能合并神经、肌腱等损伤，应一并处理，然后再止血缝合包扎。

### （二）挫伤

因钝器或运动员相互撞击等而致伤。一般可有不同程度的痛、肿、内出血及功能障碍等；较严重者其头部、胸部、背部、腹部及睾丸挫伤等可合并其他内伤，应特别注意观察，并送医院处理。一般单纯挫伤不重者可按闭合性软组织损伤处理。

## （三）肌肉拉伤

肌肉拉伤是匹克球训练及比赛中最常见的损伤。

肌肉拉伤可因肌肉突然收缩中过度负荷（主动拉伤）或受过度牵拉（被动拉伤）所致。常发生在肌腹肌腱结合处。除肌腹、肌腱拉伤，还可出现撕脱骨折。其征象与受伤程度有关：轻者肌纤维有部分断裂，有肿痛和压痛，抗阻试验疼痛加重；较重者肌肉部分断裂，收缩时痛，机能减退或丧失，触诊可察觉遭破坏的部位；重者肌肉或肌腱完全断裂，机能丧失，主动收缩时疼痛较轻甚至无痛觉，触诊可察觉凹陷、隆起、肿胀及血肿等突出特点。

肌肉拉伤的处理，除严重断裂需缝合外，一般按闭合性损伤处理。有专家研究证实，针斜刺及伸展练习等除能较好地消除肌肉延迟性酸痛外，治疗中后期肌肉损伤也有很好的效果。

## （四）脑震荡

脑震荡为脑伤中最轻的一种，即中枢神经系统暂时功能紊乱，无明显解剖病理改变。其诊断要点是：一时性意识丧失，短到几秒钟，最多不超过 30 分钟。如果清醒后出现再昏迷，则可能有脑挫伤，应立即送医院处理。一般清醒后短时间内反应迟钝，病人对受伤经过不能记忆，称为"逆忘"（或逆行性遗忘）。可出现头痛、恶心、呕吐以及植物性神经紊乱，如心悸、出汗等症状。

一般应卧床休息 1~2 周，口服镇静药和止痛剂。不宜过早训练，否则易造成头痛、头晕等后遗症，不易治愈。

## （五）骨骺损伤

由于早期训练而导致的骨骺损伤已引起国内外运动医学工作者及教练员的广泛关注。

长骨上有两类骨骺，即"受压骨骺"和"牵拉骨骺"，二者有着明显的不同。

受压骨骺的骺板分离或骨折，多由于剪力、挤压和牵拉等暴力所致。该伤发生率较高，由于该损伤常常影响骨的生长发育或关节畸形，所以应特别注意及时到医院诊治。

牵拉骨骺分离或骨折常由于关节的异常活动或肌肉突然猛烈收缩或被动过度牵拉而引起，关节脱位时也可合并发生。该伤虽不影响骨的生长，但可造成肌肉关节运动障碍。骨软骨炎，又称骨髓炎、骨发育不良症、骨软骨症、骨骺缺血性坏死等。易发部位为股骨头、胫骨粗隆、坐骨结节、跟骨结节、第二跖骨头、肱骨头及桡骨远端等牵拉骨髓。对骨骺损伤应引起足够重视，一般伤后均有不同程度的疼痛、肿胀及功能障碍。严重者可影响生长发育或坏死。因此，应及时到医院诊治。此外，还可在医生的指导下进行按摩、针灸及理疗等。

## （六）脊柱的软组织损伤

脊柱由颈椎、胸椎、腰椎、骶椎及尾椎共33节椎骨构成。由于椎管中有脊髓，因此，当脊椎受伤时，可造成脊髓损伤并波及内脏的解剖生理功能，严重者可引起截瘫甚至死亡。

颈部软组织损伤及落枕是最常见的伤。主要是颈部肌肉、韧带及关节囊的急性伤或伴有小关节紊乱等。常因准备活动不好，技术动作错误或突然过度屈伸扭转，也可因枕头高低不适或受凉等造成。同时出现不同程度的颈项僵直、疼痛、头颈歪斜、颈肌痉挛及头部活动受限。严重者可有棘突偏歪。可采用按摩、点穴或针刺风池、悬钟、落枕、阿是等穴位。可按闭合性损伤处理。若有肩臂麻木、四肢神经症状者，应到医院处理。

腰部的损伤很多，最常见的是急性腰扭伤，包括肌肉、筋膜、韧带损伤，小关节紊乱（含滑膜嵌顿）及骶髂关节损伤等。90%发生于腰骶和骶髂关节。腰背肌肉筋膜炎的病因至今尚未十分清楚，该病在运动员中也非常多见，会严重地影响训练、日常工作和生活。腰骶部负重大，活动多，在运动中遭受损伤的机会多，竖脊肌力量不足或准备活动不足及动作错误，常引起骶髂部肌肉、筋膜及周围韧带撕裂，并由于关节扭错而引起腰痛。治疗时除小关节紊乱外，其他仍按闭合性软组织损伤处理。

颈腰损伤的预防主要是做好准备活动，集中注意力，做好必要的思想准备。提起重物时挺胸塌腰（不能弓腰），加强保护和自我保护，防止受凉，加强腰背肌训练，提高腰背肌力量对预防腰伤有重要作用。

## （七）下肢带、大腿及小腿部损伤

### 1. 髂腰肌拉伤

其征象是大腿前上部疼痛，与之有关的黏液囊，会在腹股沟管深层或髂腰肌附着点下产生疼痛，可采用针灸、理疗及封闭等方法治疗。

### 2. 牵拉性骨突炎

股直肌、缝匠肌等起于髂前上棘。腘绳肌等起于坐骨结节，年轻运动员可在此出现骨突炎，甚至撕脱，一般可酌情按闭合性损伤处理。

### 3．大腿肌肉拉伤

腘绳肌拉伤是匹克球训练中较常见的，拉伤后出现伸展痛、抗阻痛。轻者不出现收缩痛。此外，腰肌、椎间盘、梨状肌等疼痛都可能刺激坐骨神经引起腘绳肌疼痛。

内收肌拉伤，主要是在耻骨联合处或肌腹处痛，还会导致腹股沟痛。这要与耻骨炎、盆腔炎或骶髂关节伤等加以区别。检查时除有共同的局部压痛外，内收肌牵拉或抗阻时疼痛加重。

股四头肌可出现拉伤，它除有上述肌肉损伤的征象外，还可能有血肿及旧伤形成骨化肌炎等。

肌肉损伤的治疗，除较大血肿需穿刺抽出并加压包扎外，其余都按闭合性软组织损伤处理。但肌肉完全断裂应尽早缝合。

另外大腿部可有弹响髋（髂胫束挛缩症）、股骨大转子滑囊炎等，同样按闭合性软组织损伤处理。

### 4．小腿部损伤

**（1）胫腓骨膜炎**

这是常见损伤，原因多是因训练安排不当、鞋穿着不适及地面地形改变等。其主要征象是后蹬痛，胫骨前骨板及内侧缘压痛（注意与胫骨应力性骨折相区别）。治疗时可采用针灸、冷疗（如冰敷）、按摩和超声等手段。

**（2）小腿后部损伤**

①小腿后群肌肉拉伤：主要是小腿三头肌拉伤，内侧头最常见，治疗主要采用针灸、按摩及伸展练习等手段。

②跟腱损伤：主要是训练安排不当或生物力学因素等造成。征

象是跟腱本身或腱围组织增粗，触摸时，内部可有摩擦音。开始运动时或早晨疼痛加重，较重的疼痛常与跟腱下滑囊炎同时出现。治疗手段主要有针灸按摩和伸展练习，除跟腱断裂外极少手术。

### （3）胫骨应力性骨折

胫骨中下 1/3 骨折，对运动员影响较大，此处血液供应差，愈合慢，必须停训到医院治疗，甚至手术植骨。其他部位的应力骨折确诊后，一般停训 1~2 个月后可自愈。

## （八）膝部损伤

根据有关专家的统计，膝部损伤的发生率在全身 10 个主要部位中居首位，占 25.82%，而且大多是慢性劳损伤。膝关节损伤发病率高，主要有两方面原因：首先从解剖生理特点上看，其结构复杂，上下杠杆较长，负重较大，在半蹲位时其内外侧韧带、肌肉都处于松弛状态，维持膝关节稳定的能力减弱；而许多体育技术动作都要求在膝关节半屈位扭转、屈伸发力蹬地等，故容易引起膝关节损伤。

在膝关节损伤中以软骨伤最多，如髌骨劳损占 40.48%，半月板伤占 14.61%；其次是腱膜伤，如髌腱周围炎占 7.81%，伸膝腱膜纤维炎占 7.67%。这两类伤占膝关节伤的 70.57%，而且与匹克球教学训练密切相关。对此必须有足够的了解和重视，并在教学和训练中做好必要的防治。

### 1. 髌骨劳损

髌骨劳损又叫髌骨软骨病或髌骨软化等，发病率最高。其原因是膝关节在半蹲位反复屈伸、扭转及发力等，致使髌骨与股骨相应关节面之间出现不合槽的压挤、捻转及摩擦所致。训练安排不当、股四头肌力量不足或不平衡、膝关节解剖学上的缺陷（如高位髌骨）等会使发病率提高。

髌骨劳损的主要征象是膝关节半蹲痛，膝软，特别是上下楼梯时更明显，多在屈膝30°~50°时疼痛。此外还有髌骨周缘压痛、伸膝抗阻痛等。

按摩对治疗此病效果较好，除按摩股四头肌外，可在髌骨周缘用刮法，也可用针灸或点按血海穴、牵拉股四头肌解除其挛缩状态，减轻不合槽运动。局部注射强的松龙及理疗、中药，加强股四头肌练习（站桩）等也有一定疗效。合理安排训练，改进运动技术，如运动时从矢状位看应保持髋、膝、踝（或第二趾）在同一直线上。在转体时，大小腿要同步活动，防止足过度前旋、限制深蹲等，这样可起到预防作用。

### 2. 半月板损伤

多在膝关节半蹲位时屈伸扭转和小腿内外翻等情况下，半月板在胫骨平台上摩擦压挤致伤。其主要征象是关节积液、绞锁（卡住）及疼痛，可出现股四头肌萎缩等。检查时做摇摆试验、鸭步试验、研磨试验等都出现疼痛加重。关节造影、核磁共振、超声波都可作出诊断。如果半月板破裂应酌情手术。

### 3. 伸膝腱膜纤维炎

伸膝腱膜纤维炎是股四头肌腱延续部的常见损伤，致伤原因大致同前。主要征象是起跳痛、打软腿（脱膝感），上下楼梯与半蹲时痛，屈膝90°时最痛。而且该病还可有髌尖延长、髌腱变粗等，以指甲刮髌骨下缘常有剧痛。这往往是髌骨劳损的前驱症状，有很多征象与髌骨劳损相似，但无髌骨压痛。

### 4. 膝韧带伤

膝半蹲位扭转，小腿突然内外翻或小腿固定而大腿突然内外翻可引起内外侧副韧带损伤；膝屈曲位大小腿前后错动可引起十字韧带损伤。其征象依伤轻重而异：轻者伤处受力仍可保持稳定，但牵拉时疼痛加重；较重者牵拉时除疼痛加重外，还有关节松动感，但在拉力作用下韧带两端仍稳定；严重者韧带断裂会出现明显异常活动。侧搬试验，可检查内外侧副韧带扭伤或断裂，前后抽屉试验可检查前、后十字韧带损伤或断裂，可与健侧对比检查。除完全断裂者多需手术外，其余可按闭合性软组织损伤处理。

5. 膝关节骨折或脱位

此类伤虽不多见，但处理不当可致残，故应特别注意。另外，还有膝滑膜炎、滑囊炎、胫骨粗隆骨软骨炎等，治疗可参照闭合性软组织损伤处理。

## （九）踝足部损伤

踝足部伤较多，发病率仅次于膝为 20.6%，其中踝伤占 9.5%，足部伤占 11.1%。

1. 踝关节损伤

踝关节韧带损伤，特别是外侧韧带伤较多见，其原因是：外踝比内踝高且靠后，内侧韧带强于外侧韧带，内翻肌力大于外翻肌力，而且距骨前宽后窄，跖屈时较窄处进入两踝间稍松动些，故易造成过度内翻，扭伤外侧韧带。此伤还可合并不同程度的其他韧带、肌腱、胫腓骨、舟骨及跖骨等损伤，检查时不可疏忽大意。韧带伤的主要征象可参见膝韧带损伤，检查时除用侧搬试验外，还可做足抽屉试验，如有明显松动，可能是两侧韧带完全断裂。

在踝韧带损伤进行现场急救中，最易犯的错误是不检查、不包扎就放冷水冲，本想止血，但常常事与愿违，会因水的冲击使其迅速肿胀。另外就是在严重损伤时不检查就敷药物包扎,如出现皮肤过敏等炎症反应,会延误手术治疗时机。对踝外侧韧带扭伤,较合理的处理措施是立即用指压迫止血,同时做内翻试验及抽屉试验检查,这一方面可判断韧带受伤的程度,另一方面可使关节小的错动复位,然后可用冰敷或蒸发冷冻剂喷洒降温并加压包扎、抬高患肢,并按闭合性软组织损伤处理或送医疗单位处理。

### 2. 足部损伤

足部损伤中主要为腱鞘炎(占 40.35%),以及关节囊、韧带伤、跖骨疲劳性骨膜炎及骨折等。

胫后肌腱鞘炎常引起内踝痛。姆长屈肌腱鞘炎除内踝前下方痛外,姆趾蹬地、抗阻试验和前足负重等疼痛加重。腓骨长短肌腱鞘炎在外踝后上下都可有压痛或外踝痛等,多因足外翻或在斜坡上跑造成。胫骨前肌腱鞘炎,在该肌腱处有压痛。另外足部伤还有足跟脂肪垫挫伤、跖腱膜炎等。以上均属软组织损伤,都可按闭合性软组织损伤处理。

## (十) 肩部损伤

肩部运动时有五个环节参与,即肱盂关节、肩锁关节、胸锁关节、肩胛胸壁间及肩峰肱骨关节。肩部损伤中肩袖损伤占 60.9%,肱二头肌腱鞘炎占 18%,滑囊炎占 4.3%,肩部脱位、半脱位占 9.4%,而且都波及其他有关肌肉。其伤的主要原因是:肱盂关节是人体上运动幅度最大的关节,肩胛盂小而浅、肱骨头大而圆,关节囊松弛薄弱呈圆筒状,加上肩胛骨沿胸壁运动,肩部活动幅度就更大了。本来肩关节周围肌肉就多且机能复杂多变,再加上其肌肉机能随肩部位置变化而改变,其机能更加复杂化,故易于在多变的运动中受伤。

1. 肩袖损伤

肩袖损伤又称撞击综合征，它是指冈上肌、冈下肌、小圆肌、肩胛下肌肌腱炎，肩峰下滑囊炎。其损伤的主要原因是肱骨大结节反复超常范围的急剧转动（特别是在外展60°~120°之间），牵拉时，肩峰、肩峰下滑囊、喙肩韧带与肱骨间的不断摩擦所致。另外冈下肌、小圆肌及三角肌后部使肩外旋，肩胛下肌、大圆肌、胸大肌、背阔肌及三角肌前部等使肩内旋，这两组肌力配合失衡，也会导致肌腱炎。

其主要征象是肩痛，活动受限，肌肉僵硬，条索痉挛甚至萎缩等。这些征象因发病急缓而表现的程度不同：慢性伤时，肩一般不痛，只有在做某个动作时才痛，如做反弓投枪姿势时；急性伤时，肩峰下剧痛，活动受限，肿胀等；而亚急性伤时，多在有外展60°~120°时或内外旋时痛。轻者内外旋可不痛，准备活动后减轻或消失。

2. 肱二头肌长头腱鞘炎及脱位

肱二头肌长头腱鞘炎及脱位因肩关节超常范围转肩，不断使其在结节间沟中纵行或横行滑动反复摩擦所致。在结节间沟处有不同程度的疼痛或压痛，随疼痛的加重向三角肌下扩散。屈肘、前臂旋外抗阻疼痛加重，上臂外上举向后做反弓动作时疼痛。

发球时肩在外展外旋位发力，肱骨突然内旋时可出现肱二头肌长头肌腱滑脱，其主要征象是肩前痛，有时肩在肱骨内外旋时有弹动或弹响。急性伤时应冰敷，然后将肩于0°内旋位屈肘90°固定3~6周，陈旧性反复脱位时应手术治疗。

3. 肩关节脱位

据一般创伤统计其占全身关节脱位的50%，其中95%是前脱，

50%~70%发生在30岁前,青少年脱位后如处理不当,有80%~95%可继发反复脱位。

### (十一) 肘部损伤

一般肘部伤较少,其中以关节韧带、关节囊及肌肉伤较多见,占58.70%;其次是创伤性骨关节病占27.5%,还有少量的骨折、脱位及骨软骨炎等。

#### 1. 肘部韧带、关节囊及肌肉伤

指肘关节周围软组织损伤。肘内侧伤(亦称投掷肘),其中内侧韧带伤占48.48%,运动时,肘关节被动外翻、过伸或前臂屈肌、旋前圆肌突然主动收缩都可造成肘内侧损伤,严重时还可出现撕脱骨折,青少年还可造成骨骺分离。肘外侧损伤(亦称网球肘),主要是打反手球致伤。这些都属韧带、肌肉损伤,它们的征象、处理如前所述。

#### 2. 肘关节创伤性骨关节病

凡是肘关节的软骨变性、骨唇、骨疣、滑膜炎、关节纤维囊肥厚、关节鼠、关节积液等都可称为创伤性关节病。主要原因是肘关节超范围不合槽运动引起,其主要征象是肘关节活动受限,伸屈肘时疼痛,大部分病人肘关节不能完全伸直。

肘部损伤除骨折和脱位,大都属软组织损伤,可按闭合性损伤处理。

### (十二) 腕手部损伤

腕手部伤中最多的是腱鞘炎,占43.9%,其次是扭挫形成的关

节韧带伤占 39.15%，还有腕舟骨骨折等。

### 1. 腱鞘炎及韧带伤

腱鞘炎及腱鞘囊肿，以及挫伤、扭伤形成的韧带损伤等都属局部软组织损伤。一般都按闭合性软组织损伤处理。

### 2. 腕舟骨骨折

此伤在运动外伤骨折中居首位，应特别引起注意。据有的统计表明，在 247 例腕骨骨折中有 222 例是舟骨骨折，在腕骨骨折中占 89.8%。更应值得重视的是其漏诊率高，往往因漏诊形成陈旧性舟骨骨折。陈旧性舟骨骨折治疗较困难，常导致腕关节永久性功能障碍。而新鲜舟骨骨折，只要有良好的固定，多数在 8~12 周后可痊愈。因此，对腕舟骨骨折的治疗，早期确诊具有重要作用。

造成腕舟骨骨折漏诊多由下列因素造成：

①这种骨折的疼痛一般较轻，医生和患者常认为是扭伤，忽略 X 线而漏诊检查。

②腕关节正位和侧位两个方向的 X 光片常不能显示骨折线，不拍舟骨位 X 线也常漏诊。

③早期舟骨骨折的 X 光片上的骨折线多不太清楚，阅片时易漏诊。

腕舟骨骨折损伤的机理与前臂远端双骨折（Colles 骨折）相同，甚至可两者合并伤。青少年还可合并骨骺分离等，故应特别注意。

## 三、匹克球训练损伤的基础功能恢复

在重新恢复竞技状态的过程中，功能恢复占有非常重要的位置。为了完全恢复竞技状态，进行适当的功能恢复是不可缺少的。

受伤之后为了减轻炎症、肿胀及疼痛所采用的方法为：制动（REST）、冷敷（ICE）、加压（COMPRESSION）、抬高（ELEVATION）、固定（SUPPORT），其后要进行外科治疗（手术、石膏固定等）。为了促进血液循环，从疼痛较轻、伤情较稳定的部位开始进行温热疗法，与此同时也就是功能恢复过程的开始。功能恢复中最为重要的是不能强行，应该在无痛感的情况下逐渐加强练习。有痛感就意味着负荷过大，会推迟恢复的时间。

功能恢复把疼痛作为重要的指标，按着柔韧性、肌肉力量、速度、协调能力、全身耐力的顺序逐步进行，在最短的时间内完成功能恢复。

## （一）判断和确定损伤的程度

匹克球训练损伤发生后，首先应该请医生诊断，但这一点常常被忽视或搞错，例如，某一天突然膝关节疼痛时，是否会到医院请医生诊断呢？有一些教练员和运动员则采用被称为民间疗法的针灸、按摩、推拿、指压及整位等方法进行治疗。在这一点上必须强调的是，医生必须是在医院就职的体育运动专家，医院也必须具备X光透视设备并能够进行精密细致的检查，不能把民间疗法同医院的医治混为一谈。民间疗法只能观察伤病的表面，发现不了关节内部、骨头等发生的损伤，因而是不能进行科学诊断的。没有经过仪器细致的检查就简单地诊断为挫伤、骨折、肌肉拉伤等，这样做是非常危险的。

受伤后首先要判断和确定损伤的程度，这必须要到医院去接受医生的诊断，而民间疗法则只是从功能恢复时期的温热疗法开始。换言之，就是直接进入功能恢复时期，根本没有经过制动、冷敷等基本处置过程，能否彻底治愈则是一个未知数。被称为物理疗法的针灸、按摩等治疗手段也必须在医生的指导下进行。

## （二）紧急处置

功能恢复和紧急处置不是按照受伤→医生→X光透视→诊断的程序，而是采用一些民间疗法来处理损伤的情况是非常多的。在受伤后去看医生这一程序中间还有一个必须进行的程序——紧急处置。这就是前面所介绍的"RICE处置"。受伤以后要立即停止训练进行制动、冷敷等处置。紧急处置一般要进行24～72小时，即所说的"制动2～3日"。根据医学理论，不论伤势多重，经过72小时的休息，症状也会趋于稳定，此后才能进入恢复治疗期。

根据现在的医学理论，冷敷是最基本的处置手段，但似乎并不被人们所重视。实际上对患部深层的冷敷是非常必要的，但是往往由于冷敷的时间过短，只对皮肤的表面进行冷敷，而忽略了对患部深层的冷敷。然而，如果时间过长，也会引起患部及皮肤表面的冻伤。因此，掌握冷敷时间的长短是非常关键的。

采用什么手段才能使患部的深层得到冷敷？用凉水是不行的，最为适合的是使用冰块。用冰袋、冰水、冰块直接进行按摩，直到患部失去感觉。冷敷时间最长为20分钟。在进行冷敷过程中出现冰冷—体温回升—酸麻—没有感觉此类的感觉变化时，中途应停止冷敷。关于这一点，在进行冷敷之前应该做一些指导。针对特别严重的伤势，如果20分钟的冷敷并没有减轻疼痛，那么在临睡之前每隔1小时再进行一次。在紧急处置的72小时之内，原则上1天进行3～4回。

功能恢复从紧急处置开始，按照以上所介绍的方法进行冷敷，不仅会防止伤病的加重，同时能促进伤病早日得到恢复。受伤以后不采取任何处置措施的情况是非常多的，受伤3～4天后甚至1周后才进行紧急处置的也大有人在。受伤3～4天后恰是功能恢复的开始阶段，程序的错误会延误损伤的恢复。把紧急处置中的制动及冷敷说成是功能恢复的第一步并不言过其实。要特别注意疼痛及不适症状的出现，仔细确认后，首先要进行紧急处置，以防止更大损伤的发生。不要忍耐疼痛和不适，而是要把其当成引起注意的信号。

## （三）冷敷和热敷

如果紧急处置得当，最迟 3~4 天以后可以进行功能恢复治疗。简单地说，损伤是由于身体的组织细胞遭到破坏，出现炎性反应而产生疼痛、红肿等症状。炎症会因为冷敷而受到抑制。即使是严重的损伤，反复进行冷敷、加压、制动（ICE 及 RICE 处置），在 24~72 小时内伤势也会趋于稳定。

### 1. 热敷的必要性

炎症得到控制后，必须对损伤的组织进行治疗。身体组织是由细胞所组成的，为了细胞的生存和再生，血液是非常必要的，同时还必须有充分的营养及热量。肌肉再生所需的蛋白质及骨再生所需的钙都是由血液运送到体内的，受伤的身体细胞的再生则更需要大量的血液。炎症消失后如果还进行冷敷会使血液流通不畅，这时则必须提高患部的温度，使血液保持流畅，因此，在进行治疗时必须首先用热水袋对患部进行热敷。但是何时停止冷敷，又何时开始热敷，是不太容易判断的。这里把自己的疼痛作为标准之一来判断冷敷及热敷的程度和终始。

### 2. 冷敷期及热敷期

暂且不管损伤如何，只是对疼痛的感觉，随着时间的推移这种疼痛会逐渐加深。初期发病时只有少许疼痛，其后随之而来的是难以忍受的疼痛。大多数人都是在忍无可忍之下去看医生的。有些人认为少许疼痛就好比感冒打喷嚏一样，但是如果打喷嚏时注意保护身体，就不会有出现高烧的可能。对于伤病也是一样，出现疼痛之初就应该采取一些相应的措施。损伤的发展与疼痛的加重是成正比关系的。感觉疼痛时就要立即进行冷敷。

疼痛感会有一个高峰期到来，高峰期过后疼痛会逐渐减轻，此时正是恢复（治疗）过程的开始。一般的伤病最长经过3~4天以后疼痛都会减轻，此时不应再进行冷敷。在恢复过程中保持血液流畅是最为关键的，因此，疼痛减轻之后应该转入热敷，即开始进入功能恢复期。最近有一种治疗法，在受伤2~3天后即开始进行治疗。这其中存在的问题是，在患部还没有彻底被冷却、温度仍然过高的情况下进行热敷会使血流量增加而引起炎性反应症。为了控制由治疗所引起的炎症，每天的功能恢复治疗之后也必须进行冷敷处理。但是现在所存在的问题是，功能恢复治疗前进行热敷使血流正常，但却在治疗以后忽略了冷敷，因此，功能恢复治疗2~3天之后仍有疼痛感及肿胀现象出现。这种情况如果反复发生，伤病则得不到彻底的治疗。高峰期过后疼痛仍然没有完全消失，这种情况可以考虑是慢性疼痛，主要是由于功能恢复治疗后冷敷的不足所造成的。这种慢性疼痛经过多次热敷—治疗—冷敷这一过程，疼痛会逐渐减轻。急躁是治疗慢性疼痛的天敌。

## （四）功能恢复训练

疼痛减轻的同时也是促进患部血液循环正常及开始功能恢复训练之时，但是从何入手呢？功能恢复的目的是恢复到受伤前正常的状态，像以前那样能够进行正常的活动、拥有以前的力量和爆发力、恢复关节的可动区域（ROM：Rang of Motion）和获得最大的肌肉力量。

如果恢复到受伤前的状态就可以重返匹克球场。功能恢复计划表中的第一步为紧急处置，第二步是恢复关节的活动范围，第三步是力量的恢复。恢复关节的可动区域有各种各样的方法，主要以伸展体操和 PNF（Proprioceptive Neuromuscular Facilitation 的简称），即给肌腱一定的刺激以提高肌肉及关节的可动区域的技术方法为中心。恢复了原来正常的活动能力，下一步则是恢复肌肉力量。功能恢复训练中最难的就是肌肉力量的恢复。

这里所讲的肌肉力量是指最大的肌肉力量，不是指肌肉的耐力。在一般医院的功能恢复训练中，关节的可动区域恢复之后都是以恢复肌肉的耐力为重点。虽然肌肉耐力的恢复是把最大肌肉力量作为目标，如果最大肌肉力量能够得到恢复，肌肉耐力的恢复也就非常容易了，但是，即使肌肉耐力得以恢复，最大肌肉力量的恢复也是不可能的。最大肌肉力量的恢复表现为力量的加大及肌肉的增粗。在训练中既要注意观察四肢的力量（重量、负荷），又要测定患部周围的直径，以此来判断其恢复程度。

在训练中进行定期的体力测试及肌肉力量、形态的测试，能够很好地把握受伤前的各种身体状态。如果肌肉恢复到原来的程度，就可能100%地恢复到受伤前的训练状态。如果肌肉的粗细及力量只恢复到原来的70%～80%，虽然可以参加比赛，但是在进行大运动量训练及受到强烈撞击时复发的可能性是非常大的。手术后3～4周如果不进行训练，肌肉会萎缩2～3厘米，而要使大腿围增粗1厘米，则需要付出大量的努力和集中的训练才能达到。肌肉力量的恢复是非常重要的，特别是对于需要肌肉力量及爆发力的运动员来说，有力的肌肉是非常必要的。在肌肉的功能恢复训练中，器材也是必不可少的。但是一般的医院所具备的功能恢复器材都是为普通人所准备的，要完成运动员的功能恢复是有一定难度的。

## （五）有针对性的恢复训练

开始功能恢复训练的同时，如果关节的可动区域和肌肉力量能得到恢复，就必须逐渐进入针对性的肌肉力量及活动能力的训练中去。恢复了基本的关节可动区域及肌肉力量就可以适当地参加一些练习，还可以适当地参加一些队里的训练及比赛。但是，还应当稳扎稳打地坚持进行恢复性训练。上、下肢的损伤怎样才能得到恢复？下面对此作一个说明。

### 1. 下肢的功能恢复

它主要提示了下肢受伤后为恢复速度跑能力的功能恢复步骤。在最初阶段是无疼痛感的站立。膝关节及踝关节如有疼痛感，那么就说明无法承担体重的负荷。这时为不增加下肢的负担应坐下或躺在床上进行训练。站立无疼痛感时，则进入下一个步行阶段。行走时如有疼痛，那么行走甚至于拄拐杖行走都应被禁止。步行的下一个阶段为登台阶。上、下台阶时如有疼痛感，则不能进入慢跑阶段。能否进入慢跑阶段主要取决于上、下台阶时身体的感觉。虽然上、下台阶时有痛感也能进行慢跑，但是这会引致跛行以至于养成不良的习惯。忍痛进行慢跑的结果，会导致必须回到起点重新开始的局面，即疼痛变本加厉，又要从最初的紧急处置、制动开始进行治疗。

逐阶段进行的必要性是否可以越过2~3个阶段早日到达顶峰？回答是否定的。如果超越了其中的2~3个阶段，不仅不会到达顶峰，还会从原有阶段上跌落回起点。就好比兔子和龟赛跑一样，不要焦急，一步一步地上升，才有可能在最短时间内达到终点。关键的一点是在没有任何疼痛感的情况下进入下一阶段。上台阶时无疼痛感而在下台阶时却出现疼痛感时也不能进入慢跑阶段，上、下台阶都无疼痛时才能进入慢跑阶段，这样才能顺利地由慢跑进入一般跑的阶段。

慢跑阶段到全力跑阶段过程中大约要经过三个阶段。功能恢复训练中，不能突然以受伤前的速度，而首先应以其50%，接下来以70%~80%的速度，最后再恢复到受伤前的速度来进行。其中如果出现疼痛必须返回前一阶段重新进行，这样才能以最快的速度完成整个功能恢复过程。但是为什么有的运动员在恢复阶段总是以失败而告终，主要是无视"少许的疼痛"所造成的。如果轻视或无视"少许的疼痛"，则会发展为严重的疼痛，对这一点应该有足够的认识。下肢的损伤不仅在运动场内容易发生，即使在日常生活中也常常会因各种外来的压力而发生，所以一定要慎重对待。

### 2. 上肢的功能恢复步骤

上肢的功能恢复几乎同下肢的恢复步骤是一致的。这里我们设定肩及肘的损伤。首先，在坐或站立时，肩及肘如果有针扎似的疼痛或上肢在直立位时有疼痛的感觉时，必须躺下进行训练。当即使站立也感觉不到疼痛时可进入下一步骤，这时可以试着自然地伸屈肘臂及转动腕关节，如还有疼痛则表示目前还不适宜活动。然后试着做一些抓球、握棒、拎包等动作。如果进一步用力而没有疼痛时，则进入下一步骤。肩、肘、腕关节活动时如无疼痛，可以进行一些专项性练习。最初开始动作的幅度及速度一定要小、要慢，然后逐渐地加快动作的幅度及速度。其间如有疼痛则不能勉强做一些投球及扣球动作。上肢的功能恢复步骤重点同下肢的功能恢复一样，要注意"少许的疼痛"，不要勉强进行活动。

特别应该注意的是要按步骤逐步进行，有的运动员往往只注重上肢而不注重下肢的运动，忽略了上、下肢协调性的训练。实际上，上肢的活动是连带着下肢一起活动的，所以重要的是要恢复上、下肢的协调性。在这一阶段，要注意的还有，在顺利地恢复身体活动能力的同时，还要防止伤病的复发。感觉疼痛时应返回前一阶段重新开始。在无疼痛感的前提下，循序渐进、升降结合，可以用最快的速度完成功能恢复过程。同下肢的功能恢复步骤一样，决不能跳越 2~3 阶段，勉强进行则会前功尽弃。

## （六）功能恢复训练的要点

以上所介绍的功能恢复步骤也是整个功能恢复过程的一个环节，为此，首先必须对患部进行热敷后，才能开始功能恢复训练，最后为了防止过热还要进行冷敷使患部温度降下来。在整个功能恢复过程中，必须坚持按照热敷—功能恢复训练—冷敷这一操作模式来进行。功能恢复训练的要点主要归纳为以下几点：不要忘记紧急处置；全力恢复关节的可动区域和肌肉力量；稍有疼痛就立即停止；无疼痛即是恢复；开始时要热敷，结束时要冷敷。

**参考文献**

［1］麦佳迪. 北京市高校高水平田径运动员常见运动损伤的研究［D］. 北京：北京体育大学，2017.

［2］黎文普，邓晖. 试论运动损伤康复锻炼的方法和原则［J］. 华夏医学，2008（4）：710-712.

［3］谈青少年篮球运动员的赛前准备活动［EB/OL］. https://www.doc88.com/p-1475280241740.html.

［4］李远. 排球运动伤病的预防和恢复［J］. 内江科技，2011，32（3）：159.

［5］于亮. 浅谈足球比赛中急性软组织损伤紧急处置中的冷疗［J］. 青春岁月，2012（4）：225.

［6］刘晓光. 冷疗法在运动医学中的应用［J］. 福建体育科技，2006（2）：26-28.

［7］杭晓林. 运用足反射疗法治疗运动损伤［J］. 双足与保健，2004

（2）：11-13.

［8］锻炼安全 safe［EB/OL］. https：//wenku. baidu. com/view/8298541c650e52ea551898de. html.

［9］《健身与保健》［EB/OL］. https：//www. doc88. com/p-8681797479978. html.

［10］宋超美，李玉英. 肘关节后脱位的简易处理［J］. 中国学校卫生，1995（3）：185.

# 附录

# 匹克球比赛专业术语

反手拍（Back Hand）：挥拍时手背朝向击球的方向。

引　拍（Backswing）：球员从预备姿势将球拍往后挥动，准备打下一个球（准备动作）。

底　线（Baseline）：球场两边与球网平行的最外面两条线。

连　击（Carry）：挥拍击球时，球没有及时弹出，球在拍面上停留过长。

中　线（Center line）：与两旁边线平行，在球场中央，平分球场为左右两部分的线。

对角场地（Cross-court）：对角线的对方球场。

死球（Dead Ball）：一个被宣告为违例的球。

丁克球（Dink Shot）：一个对方无法攻击的球。

落地两次（Double Bounce）：球被回击前在地面弹跳两次。

双　击（Double Hit）：一方球队击球两次才过网。

吊短球（Drop Shot）：过网急坠的球。

吊短球截击（Drop Shot Volley）：当对方球员在底线时，打一个落点近网又短又慢的截击，从 NVZ 打这个球最有效。

违例（Fault）：任何因违反比赛规则而使比赛停止的行动。

步法（Footwork）：让你快速有效率地到达击球点的双脚动作。

正手拍（Fore Hand）：挥拍时手掌面向击球方向。

模仿/空挥（Ghosting）：学生原地模仿教练挥拍姿式或是无球进行整个挥拍过程。

握拍（Grip）：球员握拍的方式，通常有"V"式握拍或大陆式握拍法。

抽球（Groundstroke）：等球落地后大力击球。

半截击（Half Volley）：球落地刚弹起时，马上击球。

妨碍（Hinder）：影响比赛的事件，例如，外球滚入场地或有人走入场地。

重新发球/重打（Net）：发球触网后弹入对方接球区，或因故该球必须重打。

高吊球（Lob）：一个高又长的球，迫使对方退到底线。

同步移动（Mirroring）：不击球球员随着击球同伴左右移动，保持相距1.8米左右，不过于分散以致出现空当，这也是所谓的"弹力带理论"。

中性拍面（Neutral Face）：击球时拍缘和地面垂直。

非截击线（Non‐Volley Line）：非截击线是球网两边介于两条边线之间，和球网平行的两条线，和球网相距2.13米（7英尺）。

非截击区（Non‐Volley Zone）：由靠近球网的非截击线和两条边线所组成的区域，在该区域内不能截击，非截击区是平面的，不含该区上方的空间。

开放拍面（Open Face）：击球时将拍面转向上方。

高压球（Overhead Slam/Smash）：快速挥拍，过头击打高空球。

穿越球（Passing Shot）：用截击或抽球快速打向对方防守不到的地方（例如，靠近边线的平行强抽球）。

球场固定物（Permanent Object）：任何靠近球场或悬挂在球场上空，会影响球进行路线的物品，包括天花板、墙壁、围墙、灯具、网柱、观众看台和座椅、裁判、线审、观众（在指定观众区）和所有球场周围和上方的物品。

拍面（Paddle Face）：球拍拍柄上用来击球的部分。

跨越中线拦截（Poach）：球员跨越中线拦截对方来球。

平推截击（Punch）：网前快速平推截击，通常往后和往前挥拍动作较小。

得分球（Put Away）：通常是对方无法回击的球。

对打（Rally）：发球和接发球后的双方来回对打。

准备姿势（Ready Position）：等待来球时所预备的姿势。

重打（Replay）：因故该回合不算分，重新再打。

接发球（Return of Service）：接发球方的第一次回击球。

第二发球（Second Serve）：比赛开始的发球或第一次发球结束，轮到第二位发球员发球。

发球（Service）：发球方发出的每个回合的第一次击球。

有效发球区（Service Court）：中线两边由非截击线、边线和底线围成的区域，除了非截击线外，包括其他三条线。

边线（Sidelines）：和球网垂直，球场最外面的两条线。

换边发球（Side Out）：当一方用完所有发球权，改换另一方发球。

分腿垫步（Split Step）：当对手即将击球时，身体稍微上跳，着地后双脚比肩略宽，重心放在脚尖，身体保持平衡，随时可向任何方向快速移动击球。

技术犯规（Technical Foul）：比赛一方违反技术性规则时，主审裁判有权判技术犯规，让对方赢得该分；或当一方态度恶劣，刻意滥用不雅语言，主审有权判定对方赢得该分。

第三拍短球（Third Shot Drop）：比赛开始后第三拍回球，通常落点为对方的非截击区内，一个过网急坠的球。

截击（Volley）：比赛进行中，球未落地前，在空中击球。